Educational Information Science

教育情報科学

ICT・データ分析・プログラミング

黒澤　和人　KUROSAWA Kazuto
舩田 眞里子　FUNADA Mariko
渋川　美紀　SHIBUKAWA Miki
樋口　和彦　HIGUCHI Kazuhiko

学 文 社

●著者略歴

黒澤和人（くろさわ かずと）
茨城県土浦市生まれ。
茨城大学大学院工学研究科修士課程情報工学専攻修了。産能短期大学等を経て，現在白鷗大学経営学部・大学院経営学研究科教授。白鷗情報処理教育研究センター長。
担当科目：経営情報科学，数学概論，情報社会科学，教育実習の事前事後指導等。
主な著書：『情報数学入門』共立出版，1995年。『統計・OR入門』共立出版，1995年。『WordとExcelによるパソコン演習』（共著）共立出版，1997年。『MS-Officeによる情報活用演習』（共著）共立出版，1997年。『初心者のための情報科学入門』（共著）同友館，2000年。『パソコンプレゼンテーション入門』現代図書，2003年。『情報科学の基礎と活用』（共著）同友館，2006年。『現代の情報科学』（共著）学文社，2010年。『Web教材制作演習』丸善プラネット，2017年。『これからの情報科学』（共著）学文社，2018年。

舩田眞里子（ふなだ まりこ）
栃木県足利市生まれ。
青山学院大学大学院博士課程，博士（工学）（東京工業大学）。現在白鷗大学経営学部・大学院経営学研究科教授，大学院経営学研究科長。前白鷗情報処理教育研究センター長。
担当科目：経営情報科学，統計調査法，データ分析法，ディープラーニング，人工知能特論等。
主な著書：『情報科学のための数学入門』（共著）東京図書，1991年。『初心者のための情報科学入門』（共著）同友館，2000年。『情報科学の基礎と活用』（共著）同友館，2006年。『数と計算の歩み』（共著）牧野書店，2009年。『現代の情報科学』（共著）学文社，2010年。『オートマトンと形式言語の基礎』（共著）牧野書店，2011年。『計算理論入門』（共著）牧野書店，2013年。『COMPUTING A Historical and Technical Perspective』（共著）CRC Press，2014。『離散数学入門』（共著）牧野書店，2017。『これからの情報科学』（共著）学文社，2018。

渋川美紀（しぶかわ みき）
現在白鷗大学教育学部教授。
担当科目：情報処理等。

樋口和彦（ひぐち かずひこ）
長野県松本市生まれ。
現在白鷗大学経営学部・大学院経営学研究科教授。
担当科目：財務管理論，経営情報科学，経営・経済データ統計，教育方法・技術論S，商業概論等。
主な著書：『現代企業経営論』（共著）新評論。『現代企業の経営行動』（共著）同文舘。『経営学辞典』（共著）東洋経済新報社。『経営行動の現在的意義』（共著）同友館。『初心者のための情報科学入門』（共著）同友館。『経営管理の新潮流』（共著）学文社。『ビジネスコミュニケーションの基礎理論』（共著）学文社。『情報科学の基礎と活用』（共著）同友館。『IT革命と企業組織』（共著）学文社。

はしがき

　本書は，教員が ICT（情報通信技術）を活用して業務を遂行するために必要な基礎知識をまとめたものである。したがって，教職を志す大学初年級の学生のための情報基礎教育用テキストとして利用可能であるのに加え，教育における ICT の現状や今後の課題について知りたいと常々考えている現職教員への情報提供という役割も十分担えるものと考える。

　近年，ICT はより身近なものとなり，教員の日常業務に活かすだけでなく，一般市民として生活する上でもなくてはならないものになっている。そのような時代の流れにしたがって，新指導要領では，小学校段階においてもプログラミング教育が実施されることになった。児童・生徒は，自分にあったもの（教材など）を作り出せる道具の一つとしてコンピュータを活用することができるようになるだけでなく，プログラミングのための論理的思考ができ，簡単なプログラムが作成できるようになることが求められる。

　一方，現代は AI・ビッグデータの時代ともいわれ，データ処理の重要性はますます高まっている。ことほどさように情報教育の新時代が到来し，教員はすべからく ICT の使いこなしからはじめて，コンピュータプログラミング，データの収集・分析といった ICT の応用的なノウハウをマスターしておく必要がある。

　以上のような状況を背景に，本書の内容は大きく次の 3 つからなっている。

　第Ⅰ部 基礎編：情報教育の意義と歴史，および情報科学の基礎について理解を深める。

　第Ⅱ部 活用編：ICT を教育の道具として有効活用できるための知識・技能を修得する。

　第Ⅲ部 応用編：アニメーションと VBA マクロ，統計解析，多変量解析と人工知能用言語
　　　　　　　　　Python，小学生向き言語 Scratch 等を修得する。

　本書は，3 つの部ごとに複数の章に分かれており，それぞれ例題と解説文からなり，章末には演習問題が付いている。執筆には，白鷗大学の専任教員 4 人が当たり，各自の分担は次の通りである。

　　　第Ⅰ部　第 1・2 章　　黒澤　　和人
　　　　　　　第 3 章　　　　舩田　　眞里子
　　　第Ⅱ部　第 1〜5 章　　黒澤　　和人
　　　第Ⅲ部　第 1・2 章　　渋川　　美紀
　　　　　　　第 3 章　　　　樋口　　和彦
　　　　　　　第 4・5 章　　舩田　　眞里子

限られた時間の中で稿をまとめたという事情から，筆者らの勘違いによるミスもあるかもしれない。そのような場合は，遠慮なくご指摘をいただければ幸甚である。

　出版に際してひとかたならぬお世話になった株式会社 学文社社長　田中千津子氏に，この場をお借りして心から感謝の意を申し上げたい。

2020 年 2 月 9 日

執筆者を代表して

黒澤　和人

目　次

第Ⅲ部　応用編

第Ⅰ部
基礎編

第1章　教育とコンピュータ

　コンピュータは社会の隅々にまで入り込んでいるため，教育とコンピュータについて語る際には，家庭教育，学校教育，社会教育のいずれの視点も欠くことはできない。しかしここでは，論点を明確にするために学校教育を中心に議論を進めることにする。

1.1　教育とコンピュータの関わり

　教育へのコンピュータの導入は，一般に **CE**（Computers in Education）と呼ばれる。我が国では，情報処理学会が分科会名に「CE 研究会」を用いるようになってから広まったものである。

　CE の展開は，技術研修やユーザサポートといった側面で捉えれば，コンピュータの黎明期まで遡ることもできる。しかし，全国規模で大学等にコンピュータのコースが設置され専門教育が開始された時期をひとつの基準とすれば，実質的な開始時期は 1960 年代後半とするのが妥当である。図 1.1.1 は，そのような CE の発展の経緯をコンピュータとネットワークの進展に対応付けて図式化したものである。下段には，各時代の教育内容と方法に関連すると思われる事柄を列挙してある。

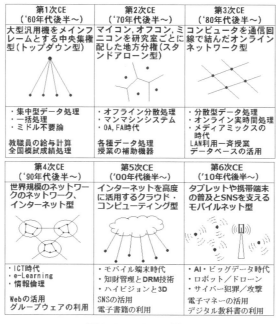

図 1.1.1　CE の展開

さて，図1.1.1を基にCEの各時代の特徴を簡単にまとめると次のようになる。

　第1次CEは，国産大型機が登場し大学共同利用センターがオープンした時期に当たり，工学，理学，社会科学分野を中心に計算機利用者数を増やしていった時代である。大学のコースとしては，当初は理工系学部に電子計算機，情報工学，情報科学，計数工学，数理，数理工学，情報数理工学等の名称で学科が新設され（1950〜60年代まで遡れるが本格化するのは70年から），その後は情報工学という名称にほぼ統一されていった。一方，教育システムの開発では，イリノイ大学のPLATOシステム（1960）が，**CAI**（Computer Aided Instruction）システムの先進事例として紹介されたのを契機に，プログラム学習やコースウェアの開発が活発化した。また，インターネットの起源であるARPANETの開発が開始されたのもこの時期である。

　次いで70年代の後半から80年代前半を第2次CEと呼べば，大学の情報工学科，工業高校の情報技術科，商業高校の情報処理科の第1期組が，全国的にほぼ完成年度を迎えた時期に当たる。

　一方，情報処理要員の不足がもたらすコンピュータクライシス，コンピュータプログラミングにおけるパラダイム変換，人工知能向き言語などが話題となった時代でもある。第2次CEの終盤には，米国ではTCP/IPによるARPANETの再構築（1983），インターネットのもうひとつの起源とされるNSFNETの創設（1984）などが続き，我が国でもJUNETの運用が開始された（1984）。

　第3次CE（80年代後半から90年代前半）は，いわゆるパソコン教育の全盛時代である。**コンピュータリテラシー**という言葉が浸透するにつれて，プログラミング教育も活況を呈した。初等中等教育分野でも，マイコンブームと相俟って，普通教育としてのコンピュータ教育の必要性が叫ばれるようになった。しかしながら「コンピュータリテラシーとは何か？」との問いかけに対しては，情報化社会に対応して何をどう教えるかの統一的な見解は得られないままであった。

　第4次CE（90年代後半から00年代前半）は，インターネットの発展期と重なって，コンピュータ教育は新たな展開を見せた。教育の重点はコンピュータのソフトウェアやハードウェアそのものから，コミュニケーションの道具としての使いこなしに移り，次の3つが新たな問題として浮上した。ひとつは**情報リテラシー**という言葉がコンピュータリテラシーにとって代わり，内容の再構築が必要となったこと。2つはシステム開発の主流がWebアプリケーションを中心とするものに大きくシフトしたこと。そして3つは人間と情報の接点に新たな規範（**情報モラル**や**情報倫理**）を設定しようとする動きが強くなったことである。

　第5次CE（00年代後半以降）は，インターネットの高度利用を目指す流れが加速するとともに，情報化社会のさまざまな問題が顕在化してきた時代である。具体的には，情報セキュリティおよび情報倫理の問題である。

第6次 CE（10年代後半以降）は，ノート PC，タブレット，携帯電話，スマートフォン等，いわゆる携帯端末の普及とその性能向上により，電子文房具の新たな地平が広がった時代である。ネットワークは有線から無線へと主流が移り，AI（ただし専用型）やビッグデータの時代へと突入した。

　第7次 CE（20年代後半以降）は，量子コンピュータや汎用タイプの AI の実用化が予想される。特に ICT 関連では，電子教科書を例にとると，紙ベースから第5次 CE には端末で読む PDF タイプの電子書籍になり，さらに第6次 CE で Web とリンクした双方向的なマルチメディア教材となった。さらに第6次後半では家庭と学校の情報環境との親和性がさらに高まり，児童・生徒の学習履歴も取り込んだ AI 搭載型や，実験・観察とマッチングできる体感型などのデジタル教材になると予想される。

1.2　情報技術者の養成確保について

　我が国が実施している情報技術者の養成確保に関する各種施策について，その変遷を一望してみると重要な点が3つあることに気付く。1点目は，1988年に文部省の教育改革実施本部から出された「情報技術者の養成確保について（中間まとめ）」に示されたカリキュラムの充実を図る対象6分野である。広く人材を集める必要に迫られていることがわかる。6点は次の通りであり，現在までその構成はほとんど変わっていない。

(1) 大学等の情報を専門とする学部・学科の拡充
(2) 大学の理・工学部，経・商学部のカリキュラムの充実
(3) 大学の一般的情報処理教育の充実
(4) 専修学校情報関係学科のカリキュラムの充実
(5) 高等学校情報関係学科のカリキュラムの充実
(6) 社会人の再教育・継続教育

　2点目は，1990年代以降の主だった提言の中に情報システム学が登場するようになり，そのための教育のモデルカリキュラムも示されていることである。結果として今日のインターネット時代の問題を予見した形で，広い分野に対応できる情報システム学の重要性が理解され，それを補う形で情報を専門としない学部学科における専門教育としての情報処理教育の在り方等も提案されるようになっている。しかしながら，技術者教育の最小のカリキュラムは何か，情報科学の原理から正しく教えているか，といった問いかけが日本国内では明確な形で発せられないのが現状である。第 I 部第3章は，この問題に対するひとつの重要なヒントを与える。また，**システムエンジニア**(SE) の導入教育 ＝ プログラミング言語の教育」という決め付けが依然としてあり，これが大学教育，企業内教育，リカレント教育の連携にとっての足かせとなり，技術の進歩に追随できなくなる可能性を常に有しているというのが日本における情報教育

の弱点である。

3点目は，同じく1990年代以降，IT分野の職業教育関連項目として「職業的倫理規定」と「情報化社会における法とモラル」の2項目が付け加えられている点である。その意義については，第I部第2章を参照されたい。

1.3 情報社会の進展と一般教育について

現在，情報リテラシーという用語は，一般社会人が情報社会を生きていく上で最低限必要な素養という意味で使われている。以下では，この情報リテラシーが，専門教育ではない一般教育の問題としてどのように捉えられてきたか，その変遷をたどる。

(1) コンピュータリテラシーとは

情報化の進展に対応して，一般社会人が最低限身に付けておくべきコンピュータの素養とは何かの議論の先駆けとなったのが，1981年のIFIPにおけるソ連のA.P.Ershovによる基調講演：“Programming, The Second Literacy”である。これは，プログラミングを小中高の普通教育レベルのコンピュータ教育で取り上げることの必要性を述べたもので，情報化に対応した普通教育の在り方をはじめて明確に述べた点で重要である。

(2) 臨時教育審議会

1987年の**臨時教育審議会**では，情報化の光と影，国際化への対応という2つのスローガンが掲げられた。前者からは，主に消費者教育の立場から，セキュリティの重要性や情報倫理教育の必要性が導かれた。後者については，コミュニケーションの道具としてのコンピュータの利便性や，それによってメディア教育の重要性が増すことなどが指摘されていた。興味深いのは，このとき提示された問題点の多くが，実はその後相次いで出されるCE関連の施策や提言の中に，繰り返し登場している点である。

(3) 中等教育における情報教育

第3次CE以降，中高の情報教育分野では，教育の内容と方法に関連して，たとえば「教育の現代化運動とコンピュータ教育は類似のものか」，「コンピュータを使わないコンピュータリテラシー教育は可能か」，「総合的コンピュータ教育とは何か」等々の問題が提起され，議論された。

なお，中等教育の「情報」の捉え方には，異なる2つがあり，混在している。これは，教材としての情報をめぐる，主に学会レベルでの基本的な考え方の違いでもある。一方は，情報処理学会のCE研究会に代表される立場で，情報科学を親学問とし，そのエッセンスとしての「情報」の在り方を探ろうとするものである。また一方は，消費者教育やメディア教育の立場から，社会工学や教育心理学などの知見をベースに，技能や態度の育成の方法を探ろうとするもので，主に教育工学会や教育情報学会などに見られる考え方である。現在のところ，前者は高等学校

の普通教科「情報」の，後者は中学校における技術・家庭科および総合的な科目としての「情報」の，それぞれ理論的基礎を担っているように見える。

　(4) 昭和から平成の情報教育について

　昭和の終わりから平成時代へかけて，文部科学省中心の情報教育施策の流れを追ってみよう。一口でいうと，コンピュータリテラシーから情報リテラシーへの転換と表現できる。

- 1985（昭和60）年の臨時教育審議会第一次答申：「社会の情報化を人々の生活の向上に役立てる上で，人々が主体的な選択により情報を使いこなす力を身に付けることが今後への重要な課題である」として，情報化への対応の必要性が示された。

- 1986（昭和61）年の臨時教育審議会第二次答申：「**情報活用能力**（情報及び情報手段を主体的に選択し活用していくための個人の基礎的な資質）」が，読み・書き・算術と並ぶ基礎・基本，いわゆるコンピュータリテラシーとして位置付けられた。

- 1987（昭和62）年の教育課程審議会答申：「社会の情報化に主体的に対応できる基礎的な資質を養う観点から，情報の理解，選択，整理，処理，創造などに必要な能力及びコンピュータ等の情報手段を活用する能力と態度の育成が図られるよう配慮する。なお，その際，情報化のもたらすさまざまな影響にも配慮すること」とされた。

- 1989（平成元）年の学習指導要領改訂：小学校では「コンピュータ等に慣れ親しませること」を基本とすること，中学校では技術・家庭科の新たな選択領域として「情報基礎」が設置されるとともに，社会，数学，理科，保健体育の各教科に関連する内容が取り入れられた。高等学校の普通教育では，数学，理科，家庭科等にコンピュータ等に関する内容が盛り込まれた。また，小・中・高の教育活動の中でコンピュータ等が積極的に活用されることとされた。

- 1997（平成9）年の情報化の進展に対応した初等中等教育における情報教育の推進等に関する調査研究協力者会議「第1次報告－体系的な情報教育の実施に向けて－」：「情報活用能力」を「(1) 情報活用の実践力 (2) 情報の科学的な理解 (3) 情報社会に参画する態度」として，より系統的，体系的な目標として再構築された。

- 1998（平成10）年7月の教育課程審議会答申：各学校段階・各教科等を通じる主な課題に関する基本的考え方のひとつとして「情報化への対応」を提示し，高等学校には教科「情報」を新設し必修とすることとした。

- 同じく12月の小学校学習指導要領及び中学校学習指導要領改訂：小学校では各教科や「総合的な学習の時間」等で積極的に情報機器の活用を，中学校では「技術・家庭」科における技術分野の内容「B 情報とコンピュータ」において項目ごとに必修と選択を指定した。また，各教科や「総合的な学習の時間」等で積極的に情報機器を活用することとした。

- 1999（平成11）年の高等学校学習指導要領改訂：普通教科「情報」（必修）新設。

- 2008（平成20）年1月の中央教育審議会答申：情報活用能力の育成は言語活動の基盤となる

と指摘し，小中高の各教科等において，コンピュータや情報通信ネットワークの活用，情報モラルに関する指導の充実を図ることなどが提言された。

- 同じく3月の小学校学習指導要領及び中学校学習指導要領改訂：小学校では「文字入力等の基本操作や情報モラル」を身に付けさせること，中学校では「プログラムによる計測・制御」について履修させることとされた。
- 2009（平成21）年の高等学校学習指導要領改訂：「社会と情報」，「情報の科学」の2科目から1科目を選択必履修とされた。
- 2014（平成26）年のICTを活用した教育の推進に関する懇談会報告書（中間まとめ）：「教育の情報化ビジョン」（2011年）からの時間的経過を考慮し，青少年のインターネット利用状況調査が実施され，モバイル環境への配慮が答申された。
- 2015（平成27）年の教育再生実行会議第7次提言：これからの時代に求められる資質・能力と，それを培う教育，教師の在り方について，ICT活用による学びの環境の革新と情報活用能力の育成が必要とされた。また，プログラミングや情報セキュリティ等，情報の科学的な理解の重要性が指摘された。
- 2017（平成29）年の教育のIT化に向けた環境整備4か年計画：平成26年から始まり，教育用コンピュータ，電子黒板，プロジェクター，無線LAN等の整備の完成年度となった。
- 同じく学習指導要領の改訂：ICTを活用した学習成果の把握・評価，教育アプリケーションの開発状況や情報教育推進校の実践状況の検証を基に，プログラミング教育の推進とデジタル教材等の標準化を継続・深化させることとされた。

1.4　インターネットの課題

　教育とコンピュータ（CE）分野の過去と現在について述べた。教育学や統計学などを基盤とする教育評価の問題，メディアおよびシミュレーション・ゲーミングの動向などについては触れていない。また，図1.1.1の分類によれば，今まさに第6次CEの真っただ中である。新たなキーワードとして，AI，ビッグデータ，量子コンピュータなどが挙げられる。これらについては，教材研究の新たなテーマとして取り組んでみるとよいだろう。

　さて，インターネットは，今や教育の発展になくてはならない存在であると同時に脅威ともなっている。最後に，その現状と今後の課題について整理しておく。

（1）ネットワーク工学の立場から

　インターネットは自律型ネットワークを相互接続してできたネットワークのネットワークである。重要なのはその上でどんなサービスが提供できるかであり，各国とも世界標準の通信プロトコルの開発でしのぎを削っている。我が国では，ゲーミングやビデオ・オン・デマンドなど，娯楽性の高い分野の教育への貢献が特に期待されている。

(2) 情報科学の立場から

たとえばショッピングサイトの構築ではデータベース技術との連携が不可欠であり，検索エンジンなどの開発では，膨大な量のテキストデータから目的のデータを瞬時に見つけ出すデータマイニングの手法が必要である。これらはいずれもデータ工学に属する技術である。また，Webサイトの開発・運用・管理の技術は，情報システム学に属している。これらの技術を背景に，インターネットを活用した純国産のキラー・アプリケーション（他を駆逐するほど人気のあるソフト）の開発が期待される。

(3) メディア論の立場から

インターネット上には，都合の良いこと悪いこと，質の良いもの悪いものと，あらゆる情報が載っている。この玉石混淆の世界から有効な情報のみを選別するのは実に難しい。また，子供が親の知らぬ間に出会い系サイトに接続し事件に巻き込まれてしまうとか，若者が裏サイトに入り込み犯罪に加担してしまうなどの事件が日常茶飯となっている。インターネットは社会基盤ではあるが，その上でさまざまな事件や事故が起こっており，人間社会の影の部分をそのまま反映しているともいえる。しかし我々は，根本のところでそれらを未然に防ぐ有効な手段を未だ手に入れていない。

章末問題

1. 2000 年は日本の e-Learning 元年と言われている。その後の動向を調べよ。

2. 教育用プログラミング言語としてどのようなものがあるか調べよ。

3. 次の用語の意味をそれぞれ述べよ。
   (1) コンテンツホルダ　(2) オーサリングツール　(3) インストラクショナルデザイン

4. 次に示す用語の組について，それぞれ違いを述べよ。
   (1) IPv4 と IPv6
   (2) IC タグと FPD
   (3) HTML と CSS と XML と JSON
   (4) マイコンとパソコンとオフコン
   (5) スクリプトとマクロとプログラミング言語
   (6) Web ユーザビリティと Web アクセシビリティ
   (7) 視聴覚教育と放送教育とメディア教育
   (8) コンピュータリテラシーと情報リテラシーとメディアリテラシー

【参考文献】

文部省教育改革実施本部「情報技術者の養成確保について（中間まとめ）」1988

ACM, Information Systems IS'97（ACM）「情報システム学の学部用プログラムのためのモデルカリキュラムと指針」1998

情報処理学会「大学等における情報処理教育の改善のための調査研究」1990

情報処理学会「大学等における情報システム学の教育の在り方に関する調査研究」1993

経済産業省商務情報政策局情報処理振興課「IT スキル標準センターの設立及び研修ロードマップの公表について」2004
http://www.ipa.go.jp/jinzai/itss/download.html（2020 年 3 月 17 日閲覧）

The Joint Task Force on Computing Curricula, *Computing Curricula 2001 Computer Science -Final Report*, IEEE CS/ACM, 2001.
https://www.acm.org/binaries/content/assets/education/curricula-recommendations/cc2001.pdf（2020 年 3 月 17 日閲覧）

A. P. Ershov "Programming, The Second Literacy", R. Levis, E.D. Tagg(ed.) *Computers in Education*, Proceedings of the IFIP TC-3, pp.1-7, 1981.

文部省臨時教育審議会「教育改革に関する第 4 次答申（最終答申）」1987

文部科学省 平成 27 年度 中央教育審議会 教育課程部会 情報ワーキンググループ編「資料 8　情報教育に関連する資料」2015
https://www.mext.go.jp/b_menu/shingi/chukyo/chukyo3/059/siryo/__icsFiles/afieldfile/2015/11/11/1363276_08_1.pdf（2020 年 3 月 17 日閲覧）

第2章 情報倫理

　ICT の急速な発展は，個人や組織の諸活動に多大な恩恵をもたらしている。しかし一方，これまでにない新たな問題も引き起こしている。以下では，それらの問題を取り扱う「**情報倫理**」について概説する。

2.1 情報モラルと情報倫理

　一般にモラル（道徳）とは，ある社会で人が人として生きていこうとするとき，そうあるべきと決められているものの総体である。なぜそうあるべきなのかは，歴史や文化，あるいはしきたりや先達の教えなどによって上意下達で決められているものと通常考えられる。したがって，モラル（道徳）を学習の対象とするのは主に小中学校の児童生徒であり，法やきまりの意義の理解や公徳心の自覚を重視すべき青年前期の年代に当たる。

　一方，倫理とは，その人が個人としてどう生きるか，どう考えるかに関わる信念の体系である。人は，人の権利を侵害しない限りにおいて，自由に物事を発想し行動することが保障されている。したがって，倫理を学習の対象とするのは高校生や大学生ということになる。この年代は，自我の確立する青年後期に当たる。

　さて，**情報モラル**と情報倫理についても，情報の取り扱いに関するモラルや倫理ということで，通常のモラルや倫理と同様の考え方に基づいて定義されるとしてよいだろう。ただし，具体的な中身については吟味が必要である。

　インターネットが整備され，スマートフォン，タブレット，PC などの情報端末が普及するのに伴い，情報の受発信がだれでも容易にできるようになっている。しかしその反面，コンピュータウイルスの蔓延，迷惑メールの氾濫，コンピュータへの不正侵入や情報漏洩，ネット上での誹謗・中傷など，実にさまざまな問題が生じている。このような背景から，我々は加害者とならず，また被害者とならないために，社会の一員であることを自覚し，その規範に則って行動することが求められるわけである。情報モラルおよび情報倫理とは，まさにこのような情報社会における基本的なルールおよびマナーと解釈できる。

　さて，以下では，学校教育における教材としての他に，教員自らが自覚すべき事柄という意味も込めて，特に情報倫理に限定してその内容等について整理しておく。

2.2 情報倫理の３つの側面

（1）人と情報との関係：知識としての側面

　伝統的な倫理学に対して，情報倫理学やコンピュータ倫理学といった新分野が形成されている。そこでは，デジタル情報の不正コピーや個人情報の流出などのように，これまでの社会常識を超えたところで起こっている問題が対象となり，人間と情報が関わる部分に新たな規範を作っていこうとする試みがなされている。

　一方，この複雑な情報社会では，知らないことが逆に大きなリスクとなって返ってくることがあり，一般社会人にとっては自己防衛の一環として必要最低限の情報関連知識を身につけておくことが推奨される。そこでは，コンピュータやネットワークの基礎知識から，職業倫理や情報関連法規にいたるまでの幅広い分野が対象となる。

（2）セキュリティ対策：技術・技能の側面

　コンピュータを利用するには，ある程度のトラブルには自ら対処できる技能が必要である。たとえば，データの盗聴を避けるためのバックアップ作業，ファイル送信に際しての圧縮操作や暗号ソフトの使い方などはその例だろう。現代人の多くが好むと好まざるとにかかわらず，コンピュータやネットワークを直接・間接に利用していかざるを得ない状況にあるわけだから，適切な利用法や対処法を最小限身に付けておくことも，知識の獲得や行動規範に基づく態度の育成とともに必要なことではないだろうか。

　一方，システムの管理者にとっては，セキュリティ対策の効果を上げるために，不正侵入や情報漏洩に対して，その痕跡を抽出して科学的に分析し，証拠立てる技術の習得が必要とされる。これは，技術・法律・倫理が関連する新たな分野として，**コンピュータフォレンジックス**と呼ばれている。

（3）職業倫理との関係：行動規範に基づく行為および態度の育成

　職業倫理では，行為の影響を予測し，評価し，結果に対する責任を引き受けようとする態度が重要である。これを責任倫理という。したがって，コンピュータの専門家集団やネットワークを運営している組織体では，コンピュータおよびインターネット利用上の倫理綱領を作成し，関係者への周知徹底を図る努力が進められている。そこでは，全員がポリシーを堅持し安全管理に当たることを目的として，**ネチケット**（ネットワーク利用上のエチケット），プライバシーや個人情報の保護，知的所有権に配慮することなどを謳っている。

　倫理綱領の例としては，古くは OECD ガイドライン（1980 年）や IFIP の Ethics of Computing（1996年：所属団体の状況をまとめたもの），国内では情報処理学会の倫理綱領（1996年）およびプライバシーポリシー（2001 年）などが有名である。

　情報社会は今なお発展を続けている。知識，技術，法の具体的内容もその時代に相応しいものとなるよう常に見直していかなければならない。

2.3　情報と法

　前節では，情報モラルや情報倫理による情報社会の秩序維持について整理した。しかしながら，時と場合により法的な罰則の適用を受けることもあり得るので，不用意な行動をとらない慎重さと注意力が必要である。そこで，情報に関連する法的な分野について整理しておくことにする。

　（1）知的財産権

　知的な創作活動の成果に対して，作者などが，自由に複製したり，財産として所有したりできる権利のことである。知的所有権や無体財産権とも呼ばれる。**知的財産権**の種類として次のようなものがある。

- 産業財産権：特許権，実用新案権，意匠権，商標権などからなる。この4つは特に財産四権と総称される。
- 著作権：著作権（財産権），著作者人格権，著作隣接権などから成る。著作権は著作権法で規定されている。著作権（財産権）は，著作物の複製というような，財産的な利益を保護する。ここでの著作物には，次のようなものが含まれる。小説，脚本，論文，講演，音楽，舞踏，絵画，版画，彫刻，建築，地図，図画，図表，模型，映画，写真，プログラムなど。著作者人格権は，創作した著者に対する人格的な利益を保護する。著作隣接権は，実演家，レコード作成者，放送事業者などの著作物の伝達に寄与する著作隣接業者の権利である。
- その他：回路配置利用権，育成者権，原産地表示・地理的表示，インターネット上のドメイン名，肖像権（人格権），パブリシティ権（財産権）など。

　なお，一般に著作権の保護期間は死後70年である。また，著作権者の利益を不当に害さない範囲で，次のような場合に限り著作物を自由に利用することができる。

- 私的使用のための複製
- 図書館などでの複製
- 教育目的，教育機関における複製
- 引用

　ただし，不特定多数の人が閲覧可能なWebサイトやブログのコンテンツに関しては，著作権者に対して私的使用としての著作権の制限は認められていない。

　（2）個人情報

　個人情報とは，生存する個人に関する情報のことである。他の情報と照合する場合であっても，氏名，生年月日等によって特定の個人を識別することができるものである。**個人情報保護法**により守られる。また，個人情報取扱事業者はあらかじめ本人の同意を得ないで個人データを第三者に提供してはならないと規定している。さらに，個人の私生活や私事に関する事項であるプライバシーに関する情報も個人情報となる。自分の情報は自分で管理できるというプラ

イバシー権として尊重されているので，他人のプライバシーを含む個人情報の公開には本人の許諾が必要である。

(参考) 一度ネット上に流された情報はもはや回収不可能と考えるべきである。したがって，不用意に個人情報を他人に提供したり，公開したりしないよう常に注意が必要である。

(3) サイバー犯罪

サイバー犯罪とは，ネットワークを利用した犯罪，コンピュータまたは電磁的記録を対象とした犯罪，等の情報技術を利用した犯罪のことである。サイバー犯罪には，次のような種類がある。

- コンピュータ犯罪：コンピュータ・システムの機能の阻害や不正使用をする犯罪。
- ネットワーク利用犯罪：詐欺，児童買春，著作権法違反，青少年保護育成条例違反など。

　さて，ここまで「情報倫理」を定義し，それに関連するネチケット，著作権，個人情報，サイバー犯罪について言及した。近年，ネットワークを利用した犯罪が増加傾向にあり，ネット社会はもはや実社会と同様に危険な罠や落とし穴が存在する場であることを認識しなければならない。

章末問題

1. 次の各用語の意味を調べよ。

   ネット規制　　　情報公開　　　DRM　　　スパム　　　PKI　　　盗聴
   テキスト全文検索　　　クッキー（Cookie）

2. 情報モラル教育を展開する際に特に注意すべき事柄を，小学校低学年，小学校高学年，中学校の3つの場合に分けてそれぞれ列挙せよ。

3. 情報倫理教育の重要性は時代とともにますます高まってきているといえる。その要因として考えられる事柄を列挙せよ。

4. 学校のコンピュータ室の管理運営に際して特に注意すべき点を列挙せよ。

5. 最近のサイバー犯罪の特徴として，SNSを利用した出会い系などによる青少年の健全な育成を阻害すると考えられるものが増加している点が挙げられる。教室での指導において，特にどのような点が重要か列挙せよ。

6. 個人情報とプライバシーの違いを述べよ。

7. 次の各項目について，保護することがなぜ必要かグループ討議を行い，プレゼンテーションしてみよ。

   （ア）知的財産権　　　（イ）個人情報

8. 情報倫理以外にどのような応用倫理があるか調べてみよ。

【参考文献】
辰己丈夫『情報化社会と情報倫理』共立出版，2004
佐々木良一『IT リスクの考え方』岩波書店，2008
会田和弘『情報セキュリティ入門：情報倫理を学ぶ人のために』共立出版，2009
大場充『ソフトウェア技術者：プロの精神と職業倫理』日科技連出版社，2014
山住富也『モバイルネットワーク時代の情報倫理』近代科学社，2015
今井秀樹編著『ユビキタス時代の著作権管理技術』東京電機大学出版局，2006
亀山渉監修『デジタル・コンテンツ流通教科書』インプレスR&D，2006
鮫島正洋・小林誠『知財戦略のススメ コモディティ化する時代に競争優位を築く』日経BP社，2016

第3章 教育とコンピュータサイエンス

コンピュータサイエンス (computer science, 計算機科学) とは，一般に「情報と計算の理論的基礎，及びそのコンピュータ上への実装と応用に関する研究分野」[1] であると言われている。本章では，コンピュータを取り巻く科学 (Science)，技術 (Technology)，工学 (Engineering)，数学 (Mathematics) に関する学問領域 (STEM) を含む領域をコンピュータサイエンスと呼び，プログラミング教育の前提として知っておきたいコンピュータサイエンス領域の基礎理論や知識について記述する。

ところで，各学問の領域には，それぞれその文化とも表現できる考え方が存在しており，その形成と発展には「なぜか」という人間のあくなき探求心 (真理の追究) があり，これがサイエンス (科学) 発展の本質でもある。したがって，科学の一分野であるコンピュータサイエンスにおいて，学習者は科学的な考え方を理解し，尊重することがその学習には必要不可欠である。また，初等・中等教育においてコンピュータサイエンスの教育を担う教員が，コンピュータサイエンスに特有な考え方を理解することは，教育を受ける児童，生徒たちの将来の活躍の場を広げる上でも重要である。本章では，プログラミング教育を始める前に必要であると考えられるコンピュータサイエンス領域の基礎知識を STEM 教育の視点から記述する。

さらに，各学問領域の内容は，その進展とともに変化する。コンピュータサイエンスもまた同様である。現在の汎用コンピュータは，電子の移動に基づく素子 (コンピュータを構成する基礎部品) から構成されているが，研究・開発が進められている量子コンピュータと呼ばれる新しいコンピュータでは量子ビットと呼ばれる電子の振動 (状態) を用いた素子が使用されている。コンピュータサイエンスの教育内容も，コンピュータそのものの進化に伴い，変化するであろうが，本章では現在の汎用コンピュータに関する理論・知識に限定して記述する。本章の内容は，量子コンピュータが汎用化され，教育内容が変化しても，その内容を理解するための礎となるものと期待している。

3.1 コンピュータの素子，回路の仕組みと動作

コンピュータの歴史は 100 年に満たないが，その間の処理速度やサイズは驚くような変化を遂げている。しかしこの変化はコンピュータを構成している素子などの技術的進歩によるもの

---

1) https://ja.wikipedia.org/wiki/ データサイエンス (2020 年 3 月 18 日閲覧)

で，現存する多くのコンピュータは，基本的にプログラム内蔵方式という 1940 年代に提唱された方式を用い，チューリングマシンと呼ばれる計算モデル（3.4 節で記述）と高々同程度の計算能力を持つ機械である。

コンピュータは，0 と 1 で表現可能な 2 状態を識別する素子から構成される。基本的な素子に AND ゲート，OR ゲート，NOT ゲート，XOR ゲート，NAND ゲート，NOR ゲートなどの**論理回路**がある。各回路の入力と出力の関係は，表 1.3.1 から表 1.3.6 でそれぞれ示される。各表は全ての入力に対する出力を記述しているので，これらは各ゲートの**真理値表**（truth table）と呼ばれている。コンピュータの論理回路はこれらの回路を組み合わせることにより実現している。各回路の図的な表記には図 1.3.1 のような**論理素子記号**がある。論理回路はこれらの記号を用いて表現することができる。

ところで，19 世紀の論理学者であるジョージ・ブール（George Boole）により考案された代数に**ブール代数**がある。ブール代数は，ギリシャの哲学者アリストテレスの理論を代数式で表すことを目的として考案されたものであるが，命題の真偽を 0 と 1 で表すと，コンピュータの論理回路の記述との親和性が高く，回路の設計や記述にブール代数が応用されている。AND，OR，NOT，NAND，NOR の各ゲートは，入力を x_1，x_2 で表すと，ブール代数ではそれぞれ $x_1 \cdot x_2$，$x_1 + x_2$，$\overline{x_1}$，$\overline{x_1 \cdot x_2}$，$\overline{x_1 + x_2}$，という式（論理式）で表される。記号「・」，「＋」，「￣」がそれぞれ AND，OR，NOT に対する演算子である。XOR の論理式の作成は演習問題とする。

表 1.3.1 AND ゲート

入力		出力
x_1	x_2	x_1 AND x_2
0	0	0
0	1	0
1	0	0
1	1	1

表 1.3.2 OR ゲート

入力		出力
x_1	x_2	x_1 AND x_2
0	0	0
0	1	1
1	0	1
1	1	1

表 1.3.3 NOT ゲート

入力	出力
x_1	NOT x_1
0	1
1	0

表 1.3.4 XOR ゲート

入力		出力
x_1	x_2	x_1 XOR x_2
0	0	0
0	1	1
1	0	1
1	1	0

表 1.3.5 NAND ゲート

入力		出力
x_1	x_2	x_1 NAND x_2
0	0	1
0	1	1
1	0	1
1	1	0

表 1.3.6 NOR ゲート

入力		出力
x_1	x_2	x_1 NOR x_2
0	0	1
0	1	0
1	0	0
1	1	0

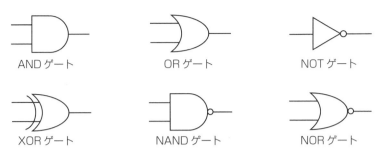

図 1.3.1　基本的な論理ゲートの論理素子記号

【例1】**半加算器**（half adder）の論理式と回路

　2進数1桁（1ビット）の加算を行う回路を半加算器という。半加算器の入力を x_1, x_2 とすると，その出力には，和と桁上がりの2種類の出力が必要となる。表1.3.7は半加算器の真理値表である。桁上がり c と和 s はブール演算子を用いれば次のように表現できる。

$$s = x_1 \cdot \overline{x_2} + \overline{x_1} \cdot x_2$$

$$c = x_1 \cdot x_2$$

表 1.3.7　半加算器の真理値表

入力		出力	
x_1	x_2	桁上がり c	和 s
0	0	0	0
0	1	0	1
1	0	0	1
1	1	1	0

　図1.3.2は半加算器を，論理素子記号を用いて表したものである。図中の●は接続を表し，●がなければ，線が重なっていても接続していないことを表している。

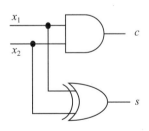

図 1.3.2　半加算器の回路

　次に，この回路がなぜ半加算器と呼ばれるかを考えよう。1101 + 0110のような4桁の加算を考えると，一番下の桁である1桁目の加算は半加算器で実現できる。一方，2桁目より上の

桁では下の桁からの桁上がりも扱わなければならず3入力の加算を行う必要がある。下の桁からの桁上がりも処理可能な加算回路を**全加算器**（full adder）という。このように加算器の機能により区別されて名付けられている。全加算器の真理値表や回路の作成は演習問題とする。

　乗算は加算を繰り返すことで実現可能であり，減算も負の数を2の補数（後述）で表現することにより加算で計算可能である。除算は減算を反復することにより実現可能である。したがって四則演算は加算回路により論理的に計算可能である。

　さらに，基本ゲートはNANDゲートのみでもNORゲートのみでも表現可能であることから，任意の論理回路はNANDゲートのみ，またはNORゲートのみで構成可能である。生産の効率性やコストの面から，コンピュータの論理回路はNANDゲートで実現するのが主流である。

3.2　コンピュータの仕組みと動作

　コンピュータは2状態を識別する素子から構成されているので，コンピュータに命令を指示するには，0，1の記号列である**機械語**（machine language）を用いる。機械語は命令部とオペランド部から構成されている（図1.3.3）。複雑な処理も，図1.3.3の形で表現される機械語の並びでコンピュータに指示される。

命令部	オペランド部

図1.3.3　機械語の構成

　図1.3.4はコンピュータの基本的な構成と，動作の順序を表している。コンピュータは演算装置，レジスタ，制御装置から成る**CPU**（central processing unit）と**メモリ**（memory），それらをつなぐ**バス**（bus）から構成されている。データ，メモリのアドレス，制御信号等がバスを通して転送されるが，図中の矢印はその転送方向を示している。PC，IR，ARはそれぞれプログラムカウンター（program counter），命令レジスタ（instruction register），アドレスレジスタ（address register）の略である。レジスタとはCPU外のメモリに比べて高速に読み書きできるメモリである。PCは，次に実行される命令のメモリ上のアドレスが格納されるレジスタである。IRはメモリから取り出された命令が格納されるレジスタであり，ARはデータの読み書きのアドレスが格納されるレジスタである。命令デコーダ（instruction decoder）は命令を解読する装置，演算装置ALU（arithmetic and logic unit）は整数の加減乗除等を行い，状態レジスタは演算の状態（正常，オーバーフローやアンダーフローなど）を保持する。アキュームレータACC（accumulator）は演算結果を保持する専用のレジスタである。

　コンピュータ（図1.3.4）の動作は，加算を例にして説明すると以下のようになる（山川他，2013）。ただし，各動作はクロック信号で同期をとって実行される。

① PCは次に実行する命令のメモリ上のアドレスをメモリに送り，命令の取り出しを指示する。

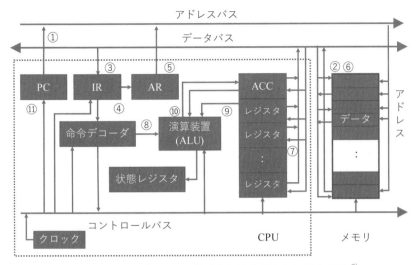

図1.3.4　コンピュータの構成と加算を例とした動作順序[2]

② メモリは命令を取り出しデータバスに送出する。

③ 命令は IR に格納される。

④ IR に格納された命令の命令部は命令デコーダへ，オペランド部は AR に格納される。

⑤ AR からデータが格納されているメモリのアドレスがメモリに転送される。

⑥ メモリからデータバスにデータが転送される。

⑦ データはレジスタに格納される。

⑧ 命令部が命令デコーダで解読され，加算の指示が ALU に転送される。

⑨ 演算装置はレジスタと ACC からデータを取り出し，加算する。

⑩ 加算結果は ACC に格納される。

⑪ PC の内容に 1 を加える（PC に，次の命令が入っているメモリのアドレスをセットする）。

3.3　コンピュータの特徴　―離散と有限―

3.3.1　コンピュータ内での文字の表現

　現在のコンピュータは，すでに記述したように 2 値を識別可能な素子から構成されているので，コンピュータ内の情報も全て 0 と 1 の 2 値記号で表現することが要求される。

　漢字，ひらがな，アルファベットなどの自然言語の表記に用いられる文字や数字，＃，＄などの記号は，コンピュータ内では現在 Unicode と呼ばれるコード（0 と 1 の並び）で表現されている。コードは文字，数字，記号と 1 対 1 対応しており，コンピュータへの入力時には，コー

---

2)　出典：山川他，2013

ドに変換され，出力時には逆にコードから文字，数字，記号に変換される。Unicode は業界発の規格であり，ユニコードコンソーシアムという非営利団体により作られ，国際規格の ISO/IEC 10646 と Unicode 規格は同じ文字コード表になるように協調して策定されている[3]。

このようなコードの策定は，実社会で使用している文字や記号をコンピュータ内で表現したいという要求への解決策である。また，コードの共有は，メーカーの異なる世界中のコンピュータ上で変換という作業をすることなく文字や記号を使用するための知恵でもある。

3.3.2　コンピュータ内での数値の表現

次にコンピュータ内の整数の表現法を考えよう。数学で扱う整数の集合は無限集合で，各要素は数直線上の離散点として表現できる（図1.3.5）。一方コンピュータは有限の資源で構成されているので，数値を表現するために使用されるビット数も 32 ビット（2 進の 32 桁），64 ビットなどの有限長である。簡単化して 4 ビットで数を表すコンピュータを考えよう（図1.3.6）。

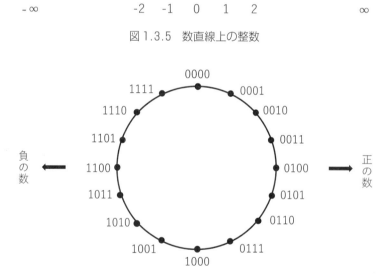

図 1.3.5　数直線上の整数

図 1.3.6　コンピュータ内の数の世界

このコンピュータ上では 0000，0001，0010，…，1111 の 16 通りの数が表現できるが，最大値の 1111 より 1 大きい数 10000 は 5 ビット長となってしまうため，先頭ビットの 1 は無視され 0000 にもどる。すなわち，有限桁の数は図 1.3.6 のような円上の点で表現される。

この円上で正負の整数を表現する場合，半分を正の数，残りの半分を負の数に割り当てる

---

3)　https://ja.wikipedia.org/wiki/Unicode（2020 年 3 月 18 日閲覧）

ことは，自然な発想であろう。0001 を 1，0010 を 2 とすることも自然であるが，ではどのように負の数を割り当てることが合理的であろうか。ここで 0001 + 1111 を考えよう。答えは，10000 であるが前述のように 4 ビットのコンピュータでは 0000 である。すなわち，整数上の足し算 1+(−1)=0 のように，4 ビットの閉じた集合上では，0001 に対し，1111 は，加法における逆元となる。1111 は 0001 の 4 ビット長における 2 の補数と呼ばれる。コンピュータ内では整数の負の数は 2 の補数で表現されている。−2 は 1110，−3 は 1101 である。

ところで，図 1.3.6 の丁度真ん中にある数 1000 は正負，どちらに加えることが合理的であろうか。図 1.3.6 をよく見ると負の数の先頭ビットは全て 1 となっている。1000 も負の数に加えれば，負の数は先頭ビットが必ず 1 となるという共通の性質を持たせることができる。そこで，1000 は負の数 −8 を表すものとして使用されている。このルールに従うと，正の数の最大値は 0111 の 7 である。すなわち 0000 があるので，正の値の数の方が 1 個少なくなる。

n ビット長のコンピュータを考えよう。異なる 0, 1 の並びは 2^n 個あるが，半分の 2^{n-1} が負の数に割り当てられ，0 を除く残りの $2^{n-1}-1$ 個が正の数に割り当てられる。したがって n ビットのコンピュータの整数の最小値は -2^{n-1}，最大値は $2^{n-1}-1$ である。最小値より小さい値はアンダーフロー，最大値を超える値はオーバーフローと呼び，このコンピュータ上では正しく表現できない。

実数（小数点の着いた数値）はコンピュータ内では IEEE（Institute of Electrical and Electronics Engineers, 米国電気電子学会）により定められた規格を用いて表現されている。32 ビット長（float 型）の場合，実数を次のように**規格化浮動小数**（1.3.1 式）に変換した上で，32 ビットの中に図 1.3.7 のように詰め込む。

$$(-1)^s \times f_0.f_{-1}f_{-2}f_{-3}f_4f_5\cdots \times b^e \quad ここで \quad f_0 \ne 0 \quad \cdots \quad (1.3.1)$$

ビットの位置	0	1	2	3	4	5	6	7	8	9	10	11	...	28	29	30	31
値													...				
意味	s			$e+127$						f_{-1}	f_{-2}	f_{-3}	...	f_{-20}	f_{-21}	f_{-22}	f_{-23}

最後の桁を 0 捨 1 入

図 1.3.7　IEEE 規格による単精度（float 型）実数の表現

例えば −6.125 という 10 進数を 2 進数に変換すると −110.001 となる。これを規格化浮動小数点表示すると $(-1)^1 \times 1.10001 \times 2^2$ となる。これを IEEE 規格に変換すると，図 1.3.8 のようになる。

ビットの位置	0	1	2	3	4	5	6	7	8	9	10	11	12	13	14	15	16	17	18	19	20	21	22	23	24	25	26	27	28	29	30	31
値	1	1	0	0	0	0	0	0	1	1	0	0	0	1	0	0	0	0	0	0	0	0	0	0	0	0	0	0	0	0	0	0

図 1.3.8　−6.125 の IEEE 規格によるコンピュータ内の表現

10進数の0.1は2進数に変換すると循環小数となる。このように一定範囲内の有限長の2進数で表現できない数値はコンピュータ内ではその近似値で表現される。このようにコンピュータ内で表現されるだけで生じる真の値との差（誤差）を**表現誤差**と呼ぶ。

3.3.3　画像，音声，動画の表現とコンピュータの特徴

文字や数字だけでなく，画像，音声，動画もコンピュータ内では有限長の2進数で表現される。具体的にどのように表現されるかは演習問題とした。いずれにせよコンピュータ内では情報は全て有限長の2進数で表現される。したがって，表現可能な範囲は限定され，かつその値は離散量である。すなわち，現在広く使用されているコンピュータは，「有限で離散的な量のみを扱うことが可能な道具」である。この事実から，コンピュータを取り巻く学問領域であるコンピュータサイエンスもまた，「**有限**」と「**離散**」という2つの概念により特徴付けられる。

3.4　計算可能性

3.4.1　問題とアルゴリズム

「2つの自然数81と63の最大公約数を求めよ」のような記述を日常生活では「問題」と呼んでいる。しかし，**コンピュータサイエンス**の分野では，この記述は「2つの自然数の最大公約数を求める」という「**問題** (problem)」の「**問題例** (problem instance)」であると定義する[2]。すなわち，「問題」とは「問題例」の無限集合である。

「問題」を解く手続きを基本操作の系列で記述したものを**計算手続き** (procedure) と呼ぶ。基本操作とはたとえば四則演算や値の比較，代入などのことである。問題 Q を解く計算手続きが，Q の任意の問題例に対して有限回の操作で終了する時，この計算手続きを**アルゴリズム** (algorithm) と呼ぶ。以下は，**ユークリッドの互除法** (Euclidean Algorithm) として知られるアルゴリズムである。

アルゴリズム　ユークリッドの互除法による最大公約数の計算

入力：　自然数 m, n.

出力：　m と n の最大公約数.

方法：

　　Step1：m, n の値を入力する.

　　Step2：$m \div n$ の余りを r とする.

　　Step3：n の値を m に代入し，r の値を n に代入する.

　　Step4：$r = 0$ ならば　Step5へ進み，そうでなければStep2へ戻る.

　　Step5：m の値を出力する.

　　Step6：end.

一般に，どのような問題についてもアルゴリズムは存在するだろうか。答えは否である。なぜそうなのかを考えることにする。

3.4.2　コンピュータと計算可能性

　イギリスの数学者チューリング（Alan M. Turing, 1912-1954）は，1936年に**チューリングマシン**（Turing Machine）と呼ばれる計算モデルを提案した。チューリングマシンは，有限制御部と任意の長さのメモテープから成り，有限制御部はメモテープへの文字（記号）の読み書きをするテープヘッドを持つ。現在広く使用されているコンピュータは，計算可能性においてこのチューリングマシンと高々同等な能力を持つ機械であると認識されている。したがってチューリングマシン上で「計算可能」である問題，すなわちアルゴリズムが存在する問題は，現在のコンピュータで計算できることになる。したがってチューリングマシンの数を数えれば，コンピュータで計算できる問題の数を見積もることができる。この考えに基づきチューリングマシンの数を数え上げると，チューリングマシンは自然数と1対1対応し，無限個存在することがわかる。

　有限集合の要素の数を集合のサイズと呼ぶ。たとえば集合 {a, b, c} のサイズは3である。この考えを無限集合に拡張したものが**濃度**（cardinality）である。整数の集合 $\mathbf{Z}$ も実数の集合 $\mathbf{R}$ もともに無限集合であるが，整数の集合の濃度は $\aleph_0$（アレフノート，またはアレフゼロと読む），実数の集合の濃度は $\aleph$（アレフ）と表記する。2つの集合 A と B の濃度が等しいとは，A と B の間に全単射（bijection）が存在する（1対1対応（one-to-one correspondence）する）ときをいう。集合 $\mathbf{R}$ から $\mathbf{Z}$ への全単射は存在しないので，$\aleph_0 \neq \aleph$ である。また $\mathbf{Z}$ は $\mathbf{R}$ の真部分集合であることから，$\aleph_0 < \aleph$ である。

　整数 $\mathbf{Z}$ を定義域，値域としてもつ関数から成る集合の濃度は $\aleph$ である。たとえば $\mathbf{Z}$ から {0, 1} への関数全体の集合の濃度は $2^{|\aleph_0|}$ と表されその濃度は $\aleph$ である。したがって $\mathbf{Z}$ から $\mathbf{Z}$ への関数の集合の濃度は $\aleph_0$ より大きい。すなわち $\mathbf{Z}$ から $\mathbf{Z}$ への関数の集合の濃度は，チューリングマシン全体の集合の濃度よりはるかに大きいことが示される。よって現在広く使用されているコンピュータでは計算が不可能な問題（関数）の方が計算可能な問題よりはるかに多い。

　ハード，ソフト両面の進歩により，現在のコンピュータは，かなり高速で使い勝手がよくなっているが，どんなに高速となっても計算可能な問題には限界があるということである。

3.5　プログラミング言語とプログラム

　コンピュータに思い通りの作業をさせようとする場合，コンピュータが受理できる2進表現された機械語（図1.3.3）で命令（プログラム）を書くことが要求される。しかし，この作業は負担が大きい上に，効率が悪い。そこで，できるだけ自然言語に近い形の人工言語で命令を書き，

それを機械語に翻訳または通訳するソフトウェアがあればこの負担を低減し，効率の悪さを改善できる。このような発想で作成された人工言語がプログラミング言語である。

　機械語や機械語の命令を英語の単語または単語の略記に置き換えただけのアセンブリ語などのコンピュータに近い言語を**低水準言語**（low-level programming language）と呼び，人が理解しやすい高度な記述が可能な言語を**高水準言語**（high-level programming language）と呼ぶ。表1.3.8は主なプログラミング言語の系譜である。実線の矢印は直系または後続の言語であることを示し，破線の矢印は影響を受けた言語を表している。用途に応じてさまざまなプログラミング言語が開発されてきた。**FORTRAN** は IBM により開発された最初の高水準言語であり，科学技術計算用に開発された。**COBOL** は事務処理用として，**ALGOL** はアルゴリズム記述用として開発された言語である。**C 言語**は移植性に優れ，OS の記述言語としても使用されている。**Python** はプログラムが書きやすく，ライブラリが充実しており，AI やデータサイエンスの領域などで広く利用されている。第Ⅲ部第4章でも Python を学ぶ。

　コンピュータは機械語以外で書かれた命令は解読できない。そのため機械語に変換する作業が必要である。書籍の翻訳のようにプログラムを丸ごと機械語に変換する方式を用いる言語を**コンパイラ型言語**（compiler language），通訳のように1文ごとに機械語に変換する方式を使用する言語を**インタプリタ型言語**（interpreter lnguage）と呼ぶ。表1.3.8で何も記号がついていない言語はコンパイラ型，「*」のついた言語はインタプリタ型，「**」は両方の型を利用したプログラミング言語であることを示している。コンパイラ型の言語は実行時の速度が速いという特徴があり，インタプリタ型は速度は遅いがデバッグが容易であるなどの特徴がある。両方の型を使用した言語である Java は，ネットワークに接続されたさまざまな機種のコンピュータ上でプログラムを動作させるために，この方式を選択している。

　ソフトウェアの開発効率の改善などを実現しているプログラミング言語に**オブジェクト指向言語**（object-oriented programming language）がある。Smalltalk，Java や C++ などがその例である。

　非常に多くのプログラミング言語が開発されているが，使用し続けられている言語は少ない。学習する前に学習の目的が何かを考え，言語を選択することが望まれる。また選択を迷う場合は，主要なプログラミング言語のひとつを選ぶことを推奨する。ひとつのプログラミング言語をきちんと学ぶことは，他の言語を独習する場合にもその理解に役立つ。

表1.3.8　高水準言語の系譜

年代	手続き型言語			関数型言語	論理型言語
1950年代	FORTRAN(1954) 科学技術計算 COBOL(1959) 事務処理	ALGOL58(1958) アルゴリズム		LISP(1958)* 人工知能	
1960年代	FORTRAN66 (1966)	BASIC(1964)* 教育用 BCPL(1966) システム記述	ALGOL60 (1960) ALGOL68 (1968)		
1970年代	COBOL-70 (1970) FORTRAN77 (1977)	B言語 (1970)** C言語 (1973) UNIX記述	PASCAL (1970)教育用 Smalltalk(1972) オブジェクト指向	scheme*	Prolog(1972)* エキスパート システム
1980年代	COBOL-81 (1981) Quick BASIC (1985)*	Perl (1987)* テキスト処理	C++ (1983) Object Pascal		KL4 (1987)*
1990年代	FORTRAN90 (1990) COBOL-93 (1993)	Visual BASIC (1991)** PHP (1995)*	Java (1995)** Delphi (1995)	Common LISP (1994)*	
2000年代以降	FORTRAN2003 (2003)	Ruby (1995)*	C# (2002) Python (1991)*		

出典）山川他，2013から作成

3.6　コンピュータネットワーク

　世界地図を広げてアメリカ合衆国を眺めてみよう。この国では 6 種類の時間帯が使用されており，相互に情報交換・情報共有するには，面積の小さい国に比べて随分不便そうである。電話を使用するにしても，まずは相手に迷惑の掛からない時間帯であるかを意識しなければならない。アメリカ合衆国でコンピュータとコンピュータを結んで情報交換・共有を行うネットワークの研究が始められたことは，旧ソ連との冷戦下にあり，差し迫った軍事的必要性があった当時の社会的背景を差し引いても，その必然性を理解することができる。**ARPANET**（Advanced Research Projects Agency NETwork）に端を発するコンピュータ同士をつなぐコンピュータネットワークの技術は，インターネット（Internet）として進化し，今や世界中の人々の重要な生活基盤となっている。

　コンピュータネットワークはその規模により **LAN**（local area network），**MAN**（metropolitan area network），**WAN**（wide area network）などと分類されている。LAN は大学や会社などの狭い領域のネットワーク，MAN は地域のコミュニティを結んでいる中規模のネットワーク，WAN は都市間，場合によっては地球規模のネットワークを指している。コンピュータの接続には，全結合型，バス型，リング型，スター型などがあり，それぞれ利点と弱点があり，目的に応じて使用されている。

　インターネットはネットワークを接続した巨大なネットワークであり，通常その構造は 4 層（ネットワークインターフェイス層，インターネット層，トランスポート層，アプリケーション層）からなるネットワークモデルを採用して記述されている。**TCP/IP**（Transmission Control Protocol/Internet Protocol）という通信規約（プロトコル）で各層が独立した通信規則で動作している（カプセル化）。インターネット上ではメッセージはパケットと呼ばれる小包に分割し，番号をつけて目的のコンピュータに送る。受け取ったコンピュータでは番号順に並べ替えて再構成する。

　現在では，インターネットにコンピュータだけでなくさまざまな装置を接続し，相互に制御する仕組み **IOT**（Internet of Things）が実現し，その可能性が広げられている。

3.7　データサイエンスと人工知能（AI）

　コンピュータの処理能力の向上，コンピュータネットワークの発展などにより，ビッグデータ（big data）と呼ばれる大量のデータを収集し，利用できるようになった。その結果として，データサイエンス（data science）と呼ばれる分野が注目され，成果をあげている。また，人工知能（artificial intelligence, AI）の分野の進展にも大きな役割を果たしている。

　データサイエンスとは，「データを用いて新たな科学的および社会に有益な知見を引き出そうとするアプローチのことであり，その中でデータを扱う手法である情報科学，統計学，アルゴリズムなどを横断的に扱う」学問領域である。データサイエンスが注目される背景には，

「判断や決定は，経験則に基づく長年の勘ではなく，数値的な裏付けに基づいて行われるべきである」という考え方がある。小学校においても 2020 年度から **STEM**（Science, Technology, Engineering and Mathematics）を重視した教育が始められているが，これもデータサイエンスを日常生活に活かすことができる人材の育成を目指す現れであると考えられる。STEM に芸術（Art）や応用数学（Applied Mathematics）の意味を加えた **STEAM** という言い方もある。

　人工知能学会によれば，**人工知能（AI）**とは，「人間と同じ知的作業をする機械を工学的に実現する技術」[4]と説明されている。人工知能のアイディアはアラン・チューリングにより 1950 年代に提唱され，ジョン・マッカーシーらが主催したダートマス会議で初めて「人工知能」という用語が使用された。コンピュータ処理能力の限界という制約もあり，AI への期待に対し満足な研究成果が得られず，AI への期待が膨らんでは失望するという過程が繰り返された。この間，AI の基礎研究は継続されエキスパートシステムをはじめさまざまな手法が検討されてきた。ニューロンのネットワークをモデルとした多層のニューラルネットワークが考案されコンピュータの能力の向上，ビッグデータの出現など，AI が学習に必要とするデータが十分に得られ，現実的な処理が可能となった結果，人間の画像認識力よりも優れた AI やプロの棋士に勝利する AI が生まれ，次々と実用的な AI が実現した。AI は，自動制御的なものから自動運転などまで日常生活に幅広く応用され，さらに人事管理から兵器にまで応用され始めている。このような状況下で我々は AI を適切に理解する必要がある。すなわち，AI は学習により動作を決定するソフトウェアである。したがって学習用のデータに偏りや誤りがあれば，AI が行う決定・判断は適性を欠くものとなる。また，端的に言えば AI は単なるプログラムであり，生命に危害を与えることも起こり得る。未来学では，「自己フィードバックにより改良され，高度化した人工知能が，人類に代わって文明の進歩の主役になる時点」のことを**技術特異点（シンギュラリティ, Singularity）**と呼ぶ[5]。未来学者レイ・カーツワイル（Ray Kurzweil, 1948-）により，2045 年頃にはこの状態となることが予測されている。それまでの過程で，最終的には AI を人のコントロール下に置き続けることを可能とする形（暴走することがない形）での開発・運用の仕組みを確立することが強く望まれる。

　コンピュータは当初データ処理を行う機械であったが，それらを連結したネットワークの構成は情報の共有を実現し，コミュニケションツールとして現代社会を支えている。さらにコンピュータの処理能力の飛躍的な向上，ネットワークから得られる大量のデータ（ビッグデータ）と AI の分野におけるアルゴリズムの開発，およびその相乗効果により，現代社会は次元の異なる未来社会へと歩みを進めている。この変化に対して，過度の期待や不安に陥ることなく，新しい技術を適切に活用することが望まれる。

---

4)　https://www.ai-gakkai.or.jp/comic_no1/（2020 年 3 月 18 日閲覧）
5)　https://ja.wikipedia.org/wiki/ 技術特異点（2020 年 3 月 18 日閲覧）

章末問題

1. 表1.3.4の真理値表で表されるXORゲートの論理式を書きなさい。

2. 足される数 (x_1)，足す数 (x_2)，下の桁からの桁上がり (c_0) を入力とし，和 (s) と桁上がり (c_1) を出力とする論理回路（全加算器）を作成したい。設問に答えなさい。
   (1) この回路の真理値表を書きなさい。
   (2) c_0 と s を論理式で表しなさい。
   (3) 論理記号を用いて全加算器の論理回路を表しなさい。

3. 4ビットのコンピュータで整数は表1.3.9のように表現される。
   (1) 表1.3.9中の省略部分を補い，表を完成させなさい。。
   (2) 表1.3.9の表現を用いて次の10進数の演算を2進数で行い，答えを求めなさい。
      ① 1 + (-1)　　② 3 + (-5)　　③ (-7) + 8　　④ 3 + 7　　⑤ -5 + (-7)
   (3) 前問 (2) の①~⑤の計算のうち，4ビットのコンピュータでオーバーフロー，アンダーフローとなる問題はあるか。ある場合はそれぞれ①~⑤の番号で示しなさい。

表1.3.9　2の補数によるコンピュータ内での整数の表現（4ビットの例）

10進数	正の2進数	10進数	負の2進数
0	0000	-1	1111
1		-2	
2	0010	-3	
⋮	⋮	⋮	⋮
6	0110	-7	
7		-8	1000

4. 10進数の小数点以下の数を2進数に変換する方法を考えなさい。-6.125をその方法で2進数に変換しなさい。

5. 10進数の0.1を2進数に変換し，規格化浮動小数点表示した上で，IEEE規格の32ビットの表現を求めなさい。また0.1との差（表現誤差）を求めなさい。

6. 音声のような連続データは，標本化と量子化という操作により離散データに変換して，コンピュータ内に取り込まれる。**標本化** (sampling) とはデータを等間隔に区切って値を切り出す操作であり，**量子化** (quantization) とは値を有限個の離散の近似値に置き

換える操作である。図1.3.9の関数について設問に答えなさい。ただし, (1) は標本化の例であり, (2) は量子化の例である。

(1) 図1.3.9で $x = 0, 1, 2, \cdots, 10$ のとき, 関数 $f(x)$ の値を図から読み取りなさい

(2) 整数 k と $x = 0, 1, 2, \cdots, 10$ に対して関数 $g(x)$ を次のように定める。

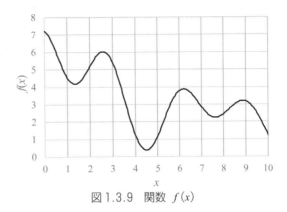

図1.3.9　関数 $f(x)$

$$g(x) = k \quad k \leqq f(x) < k+1 \text{ のとき}$$

x $= 0, 1, 2, \cdots, 10$ のときの $g(x)$ の値をそれぞれ求めなさい。

(3) 関数 $g(x)$ を図1.3.9に記入しなさい。

(4) 関数 $f(x)$ はもとの連続データであり, 例えば $g(x)$ は (1), (2) の処理によりコンピュータに入力される値である。関数 $f(x)$ と $g(x)$ を比較して気が付くことを書きなさい。

7. 図1.3.10の関数 $f(x)$ について次の設問に答えなさい。

(1) 前問6の (1) と同様に $x = 0, 1, 2, \cdots, 10$ のとき, 関数 $f(x)$ の値を図から求めなさい。

(2) 前問6の (2) のように $g(x)$ を定めたとき, $x = 0, 1, 2, \cdots, 10$ に対する $g(x)$ の値をそれぞれ求めなさい。

(3) 関数 $g(x)$ を図1.3.10中に記入しなさい。

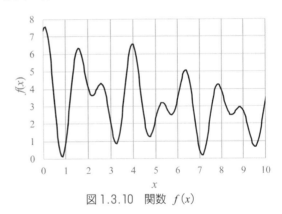

図1.3.10　関数 $f(x)$

(4) 連続データ $f(x)$ をできるだけ正しくコンピュータ内に取り込むことを前提としたとき, 関数 $f(x)$ と $g(x)$ を比較して気付くことを書きなさい。

(5) (4) で気付いた問題を解決するにはどうしたらよいか考え記述しなさい。

8. 画像はビットマップまたはベクトル形式で表現される。両方法の違いを調べなさい。

9. 音声，画像，動画はデータ量が多いため，圧縮して転送される。次はそれぞれの圧縮されたファイルの形式である。特徴を調べなさい。

MP3（音声），JPEG（画像），MPEG（動画）

10. 写像の定義，集合間の全射（surjection），単射（injection），全単射の定義を書きなさい。

11. 次の設問に答えなさい。

(1) 集合 A={a, b, c}，B = {5, 6} とする。集合 A から B への全射を作成しなさい。

(2) 集合 A={桜，梅}，B = {日本酒，梅酒，焼酎} とする。A から B への単射を作成しなさい。

(3) 集合 A = {雪，月，花}，B = {秀，優，良} とする。A から B への全単射を全て求めなさい。

【参考文献】

Alan W. Blermann 著，和田英一監訳『やさしいコンピュータ科学』アスキー，2006

五十嵐善英・舩田眞里子・バーバラ神山『数と計算の歩み』牧野書店，2009

五十嵐善英・Forbes D. Lewis・舩田眞里子『計算理論入門』牧野書店，2013

J. Glenn Brookshear 著，神林靖・長尾高弘訳『入門コンピュータ科学―IT を支える技術と理論の基礎知識』KADOKAWA，2014

Brain W. Kerninghan 著，久野靖訳『ディジタル作法』オーム社，2013

山川修・徳野淳子・田中武之・菊沢正裕『情報リテラシー』第 3 版，森北出版，2013

第Ⅱ部
活用編

第1章　ワープロソフトの活用

　校務の遂行に伴い日々作成される文書は，私的資料である場合を除き，学校の教育活動としての最終責任を学校長が負うことになるので**公文書**という扱いになる。また，公文書には，いわゆる「〜表」や「〜簿」と名付けられた文書もあり，これらは特に**表簿**と呼ばれている。

1.1　学校における公文書
1.1.1　公文書の分類

　学校における公文書は，たとえば次のように分類される。

　（1）作成方法による分類

- 収受文書：学校が取得した文書あるいは学校の教職員が職務上取得した文書
- 往復文書：学校長名で外部へ発送され，相手に到達してはじめて効力が生じる文書

　（例）通知状，照会状，依頼状，申込状，承諾状，挨拶状，案内状，招待状，等

- 校内文書：学校運営上作成された文書

　（例）連絡書，報告書，提案書，議事録，帳票，申請書，等

　（2）表簿に関する分類

- 法定表簿：学校教育法など，諸法令で備えつけることが定められている表簿

　（例）学則，日課表，学校日誌，職員名簿，履歴書，出勤簿，時間表，指導要録，出席簿，健康診断に関する表簿，成績考査に関する表簿，往復文書処理簿，等

- 法定外表簿：法令に定められているわけではないが，学校運営上必要とされる表簿

　（例）職員会議録，生徒指導記録，試験問題綴，連絡網，学級日誌，児童・生徒名簿，等

【注意】学級だよりや授業で配布する参考資料のようなものも，最終責任は学校長が負うことになるので公文書という扱いになる。また，公文書のほとんどはワープロ文書として作成されるが，図画，写真，スライド，電磁的記録なども含まれる。

1.1.2　往復文書の基本形式

　学校における公文書の例として往復文書を取り上げ，作成する際の要点を整理しておこう。

　（1）往復文書の特徴

　往復文書の作成においては，儀礼や格式も重要であるが，特に次が求められる。

- 正確さ：伝えるべき情報を，漏れなくかつ間違いなく記述すること。

- 簡潔さ：日常業務では効率と迅速さが求められる。礼を失しない範囲で，簡潔に記すこと。
- 明瞭さ：証拠として記録に残す必要がある。あらゆる面において曖昧さを排除すること。

(2) 伝える内容の整理 (5W2H)

文書の作成に先立ち，5W2H，つまり When（いつ），Where（どこで），Who（誰が），What（何を），Why（なぜ），How（どのように），How many／much（いくつ／いくら）に沿って，伝える内容を整理しておくとよい。

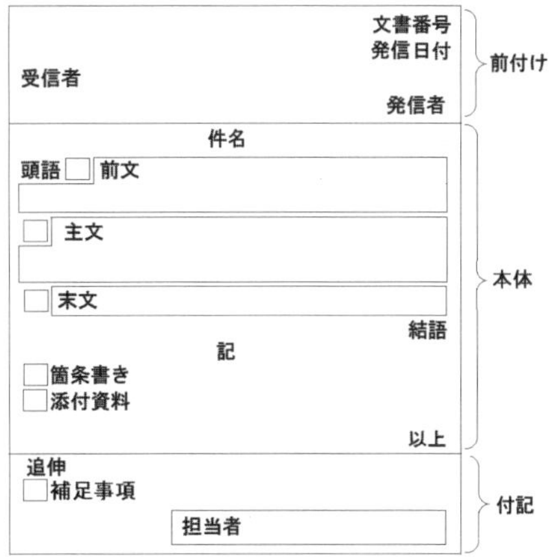

(3) 往復文書の形式

図2.1.1　往復文書の標準形式

往復文書の標準形式としては，図2.1.1に示すような，「前付け」，「本体」，「付記」からなる3段構成が一般に広く利用されている。

- 前付け：文書の**書誌情報**を記載する部分である。文書はそれ自体がひとつの情報であるから，書誌情報は情報の情報という意味で**メタ情報**ともよばれ，次で構成される。
  - ➤ 文書番号：組織内で文書管理をする場合に付ける。
  - ➤ 発信日付：証拠として重要な役割をもつ。
  - ➤ 受信者：複数の人に出す場合は「各位」，個人宛なら所属と肩書と氏名を記載する。
  - ➤ 発信者：受信者と同等の立場の人を置く。
- 本体：文書の中心部分で，次の要素を順に記載する。
  - ➤ 件名：タイトルのこと。
  - ➤ 頭語：「拝啓」や「謹啓」などとし，返信の場合は「拝復」とする。
  - ➤ 前文：時節の挨拶，安否の挨拶，感謝の挨拶からなる。
  - ➤ 主文：用件を述べる部分である。
  - ➤ 末文：締めくくりの文。
  - ➤ 結語：頭語と対で設置し，「敬具」や「謹白」などとする。
  - ➤ 記（記書き）：主文に関わる重要な情報を箇条書きで正確に記す部分である。補足資料がある場合は「添付資料」の説明を追加する。
  - ➤ 以上：追伸の有る無しにかかわらず「記」との対で必ず記載する。
- 付記：文書の最後尾に位置し，補足事項を記載する部分である。
  - ➤ 追伸：付記はここから始まる。「なお」や「追って」などと書いてもよい。
  - ➤ 同封物：返信用のはがきや地図などがある場合に記入する。

➤ 担当者：実務上の担当者の所属，氏名，連絡方法を記載する。

1.1.3　往復文書の構造とスタイル

往復文書の作成と編集を PC 上で行う際には，文書の「構造」にかかわる作業と「スタイル（見栄え）」にかかわる作業とに分けて進めると効率がよい。

（1）文書の構造

文書の構造とは文書全体の骨組みのことであり，**階層構造（木構造**ともいう）で表現できる。特に，往復文書の構造は図 2.1.2 のように表される。

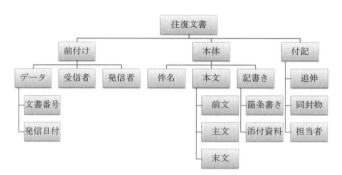

図 2.1.2　往復文書の構造

図の木構造を見てわかるように，枝にぶら下がっている葉のすべては順序付けられ，一通りに並べることができるという点が重要である。すなわち，文書の構成要素は，「文書番号」，「発信日付」，「受信者」，「発信者」，…，「同封物」，「担当者」と順序付けられる。

このことから，ワープロで文書を入力する際の第 1 のポイントが見えてくる。つまり，文書を構成する個々の字句や文言を間違いなく，かつ迅速に入力するには，まずは画面の表示モードを［下書き］にし，テキストを上から順に入力していくことに注力せよということである。

（2）文書のスタイル設定

文書のスタイルとは，文字のフォントやページレイアウトなどのように，いわゆる見栄えにかかわる設定のことである。［下書き］モードでのコンテンツ入力が済んだら，次は画面モードを［印刷レイアウト］に変更し，スタイル設定を中心とした作業に移行する。

1.2　往復文書の実際例

1.2.1　案内状

［例題 1.1］　図 2.1.3 は，案内状の例である。Word で入力・編集し，A4 用紙に印刷してみよう。

（操作）案内状の作成と編集

① Word を起動し，新規文書を開く。

② 画面モードを［下書き］モードにし，テキストを入力する。

③ ［名前を付けて保存］により，Word文書形式（拡張子「.docx」）で保存する。ファイル名は「春季体育祭のご案内20200512.docx」としておく。

④ 画面モードを［標準印刷］モードにし，スタイルを設定し，ファイルを上書きする。

⑤ プレビュー画面で内容と見栄えを確認し，必要に応じ修正と上書き保存を繰り返す。

⑥ 完成したら［ファイル］タブから，［印刷］を実行し，印刷する。

2020年5月12日

保護者各位

国際教育大学附属中学校

校長　大行寺　伯夫

第30回春季体育祭のご案内

拝啓　薫風の候、保護者の皆様におかれましてはますますご清祥のこととお慶び申し上げます。平素は格別のご高配を賜り、厚く御礼申し上げます。

　さて、恒例の春季体育祭を、下記の通り開催することになりました。

今回の体育祭では、第30回目という節目を記念いたしまして、日曜開催とし、さらに新企画の出し物を多数準備しております。

　ご多忙中のところまことに恐縮に存じますが、多数の保護者の皆様にご来校いただき、お子様の元気な演技をご覧いただきたくご案内申し上げる次第でございます。

敬具

記

1．日時　2020年6月14日（日）午前8時40分開会（15時30分終了予定）

2．場所　本校グラウンド　（雨天時：第1体育館）

3．お知らせ

　（1）ご観覧用に保護者席を準備しております。敷物をご持参下さい。

　（2）ビデオ・写真撮影も保護者席でお願いいたします。生徒席には入れません。

　（3）後援会による飲み物・弁当等の当日販売があります。

以上

　追伸：出欠について、お子様を通じ5月末日までに学級担任へお知らせ下さい。

図2.1.3　体育祭の案内状

1.2.2　Wordテンプレートの利用

　完成した文書を，通常のWord文書形式で保存する以外に，次回のためのひな型専用の文書ファイル，すなわちWordテンプレート（拡張子「.dotx」）として保存することもある。次回は，Wordテンプレートを開き，必要な箇所に手を入れ，通常のWord文書形式で保存すればよい。

［例題1.2］　例題1.1で作成した文書を，Wordテンプレートとして保存してみよう。

（操作）Wordテンプレートの保存

① Word文書「春季体育祭のご案内20200512.docx」を開く。

② ［ファイル］タブから［名前を付けて保存］をクリックする。

③ ファイルの保存場所を指定する。保存先の候補としては，

> デフォルトドライブの¥Users¥ユーザ名¥Documents 上の「Office のカスタムテンプレート」フォルダ

> クラウド上の個人フォルダあるいは組織の共有フォルダ

> D ドライブやネットワークドライブ上の個人フォルダ

などが考えられるので，状況に応じて適宜選択すること。図 2.1.4 は，クラウド上の個人フォルダ内の Documents フォルダを選択したときの画面である。

④ ファイ名本体を「春季体育祭のご案内テンプレート」とする。

⑤ ［ファイルの種類］ボックスで，［Word テンプレート（＊.dotx）］を選択する。

⑥ ［保存］ボタンをクリックする。

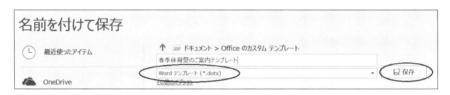

図 2.1.4　Word テンプレートの保存

【注意】Word テンプレート（拡張子「.dotx」）を編集し保存しようとすると，ファイル形式は自動的に標準の「.docx」になり，この点も便利である。

1.3　ビジュアル表現のテクニック

　ビジュアル表現は，見る人の視覚に訴え直感的な反応を引き出すことができるため，抽象的な概念や複雑な仕組みをわかりやすく伝えようとするときに有効である。

　本節では，ワープロやプレゼンテーションソフトで資料を作成する際に役立つ，ビジュアル表現ツールを一通り使ってみることにしよう。

1.3.1　ワードアートの活用

　ワードアートは，Office 製品に組み込まれている文字修飾ツールである。以下に基本的な利用手順を示す。

［例題 1.3］　例題 1.1 で作成した案内状の件名をワードアートで文字修飾してみよう。

図 2.1.5　ワードアートの設定例

(操作) ワードアートの挿入

① 件名をドラッグする。続いて，[挿入] タブの [テキスト] グループで，[ワードアート] をクリックする。ワードアートスタイルの一覧が表示されるので，好みのワードアートスタイルをクリックする。ここでは「塗りつぶし：黒，文字色 1；影」を選んでおく。

② 件名がワードアートのプレースホルダ (枠線) の中に表示され，スタイルが設定される。

③ プレースホルダのハンドルをドラッグして大きさを調節する。

④ プレースホルダの枠線にマウスを合わせると，カーソルが十字形の矢印になるので，ドラッグするとワードアートの位置を移動できる。

⑤ テキストをドラッグして右クリックすると，フォントボックスが表示されるので，文字フォントや文字の大きさを調節できる。

⑥ プレースホルダを選択すると，リボンの上方に [描画ツール] タブが開くので，[ワードアートのスタイル] グループから，適する項目を選択して，件名のスタイル (枠線，色，回転などの) を変更できる。

⑦ 文書に貼り付いたワードアートの選択を解除すると，描画ツールは非表示になる。

⑧ ワードアートをクリックし，[書式] タブの [配置] グループ上の [文字列の折り返し] をクリックし，[四角] をクリックすると，ワードアートが 1 行を占有していた状態から，好きな場所にドラッグして，その周囲に文字列が回り込むようになる。

1.3.2　オンライン画像の利用

　写真やイラストなどのオブジェクトを挿絵として文書へ挿入するには，[挿入] タブから行う。ここでは，著作権フリーのイラストを Word 文書で利用する方法を示す。

[例題 1.4]　例題 1.1 の文書に，通知内容 (体育祭) にちなんで，運動会のイラストを挿入してみよう。

(操作) イラストの準備と挿入

① インターネットの検索サービス (たとえば Google など) に接続する。

②「フリー　素材」などのように，キーワードを空白で区切って並べ，著作権フリーの素材を配布しているサイトを検索する。ここでは，フリー素材の展示サイト「いらすとや」(https://www.irasutoya.com/) を例として説明する。

③ サイト上で,「学校」,「運動会」とたどり, 適当な画像を表示し, 右クリックで ［名前を付けてリンク先を保存］ をクリックする。

④ 保存先とファイル名を指定するダイアログボックスが開くので, PC 上の保存先を選択し, ファイル名を指定し, 保存する。

⑤ 運動会の案内文書を開き, 文書上のイラストを挿入したい箇所をクリックする。

⑥ ［挿入］ タブから ［画像］ をクリックすると, ［図の挿入］ ダイアログボックスが開くので, 該当の画像を選択し, ［挿入］ をクリックする。

⑦ 挿入された画像のハンドル (囲み線の四隅と四辺についている丸印) をドラッグし, 画像の大きさを変更する。

⑧ 画像を右クリックし, ［画像の折り返し］ から ［四角形］ を選択し (画像を選択すると表示される ［レイアウトオプション］ からも指定できる), クリックする。すると, 画像を好きな場所に移動し, しかも画像の周囲に文字が回り込むようになる。

⑨ 著作権フリーではあるが, 念のため出所を明示しておきたいときは, ［挿入］ タブから ［図］, ［図形］ とたどり, テキストボックスを表示し,「画像：いらすとや」などと入力しておくとよい。その際, テキストボックスも大きさと表示場所を自由に変更できる。

画像：いらすとや

図 2.1.6　フリー素材の挿入と出所の記入

【注意】フリー素材を使用する際の著作権上の問題

• 他人が作成した画像を断りもなく自分の文書に貼り付けることは違法である。

• Word では, ［挿入］ タブの ［図］ グループにある ［オンライン画像］ を選ぶと, インターネットによる画像検索に簡単に移行できる。

• ただし, 作品ごとの著作権レベルは, 所有者のサイトを一つひとつ訪問して確認する必要がある。しかしそれはかなりの手間なので, たとえば「いらすとや」のようなフリー素材サイトもよく利用される。

1.3.3 図解表現化ツール SmartArt の利用

SmartArt は，物事の関係や構造を図解表現するための Office 組込みのグラフィックツールである。短文を並べて箇条書き表現していたものを，直感的理解を促す図解表現に手軽に変換できる。SmartArt を使って図解表現が可能な関係や構造は，**リスト**，**手順**，**循環**，**階層構造**，**集合関係**，**マトリックス**，**ピラミッド**の7つである。

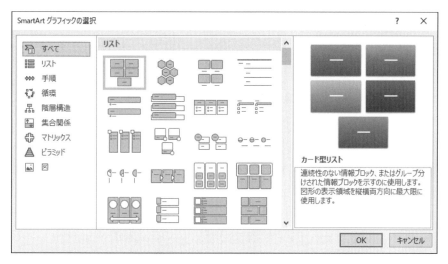

図 2.1.7　SmartArt グラフィックスに登録済の図解表現

[例題 1.5]　例題 1.1 の案内状に，運動会の目標（以下の箇条書きで示す3項目）を，SmartArt を使って図的に表現し挿入してみよう。挿入場所は，本文の第2段落と第3段落の間。

- 全力を尽くそう！
- みんなで楽しく応援！
- 無理せず安全に！

（操作）SmartArt の挿入

① 挿入したい個所をクリックし，[挿入] タブの [図] グループの [SmartArt] をクリックする。

② 図 2.1.7 のような登録されている SmartArt グラフィックスの一覧が表示される。ここでは，左側の8つのカテゴリの中の [リスト] をクリックし，さらにその中の [カード型リスト] を選択し，[OK] をクリックする。

③ 画面上に，テンプレートが表示されるので，白い部分をクリックし，四隅と四辺のハンドルをドラッグして大きさを調節し，辺をドラッグして位置を調節する。

④ 次に，左辺上の横向き黒三角をクリックし，[ここに文字を入力してください] という箇条書き表現のガイドウィンドウを表示させる（図 2.1.8）。

⑤ 左側のガイドウィンドウにテキストを入力すると，即座に右側の図解表現に反映される。

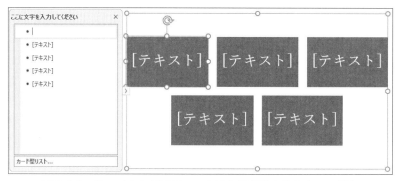

図2.1.8　SmartArt グラフィックスと箇条書き入力ウィンドウ

【参考】左側のガイドウィンドウ（箇条書き）でのキーの操作方法

- 項目間の移動は，上下矢印キーで行う。
- 項目のレベル下げは，行頭文字の右をクリックし［Tab］キーを押す。
- 項目のレベル上げは，行頭文字の右をクリックし［Shift］＋［Tab］キーを押す。
- 項目を削除するには，行頭文字の右をクリックし［Delete］キーを押す。
- 項目を挿入するには，ひとつ前の項目の末尾で［Enter］キーを押す。
- 項目の末尾で［Delete］または先頭で［BackSpace］を押すと項目が連結する。
- 箇条書きウィンドウを閉じるには，右上の［×］をクリックする。

⑥ SmartArt グラフィックスをクリックし選択すると，リボンに［SmartArt ツール］が表示される。［デザイン］タブをクリックし，レイアウトやスタイルの変更が可能になる。

⑦ 同じく［書式］タブをクリックし，［配置］グループの［文字列の折り返し］をクリックし，［四角］をクリックすれば，好きな場所に移動でき，さらに文字を回り込ませることができる。

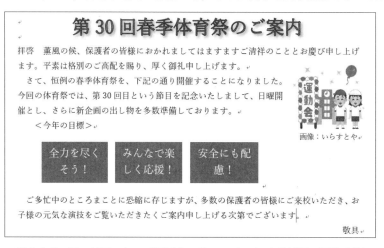

図2.1.9　ワードアート，イラスト，SmartArt によるビジュアル表現

【注意】 SmartArt グラフィックスの中央揃え

[ホーム] タブの [段落] から [中央揃え] をクリックすると，各ボックス内で中央揃えが実行されるが，SmartArt グラフィックスの前後に行を追加し，それも含めてグラフィックス全体をドラッグし選択してから [中央揃え] をクリックすると，グラフィックスが中央揃えになる。

1.3.4　ペイントの活用

ペイントは，Windows の OS に付属している図形描画ソフトである。線，四角，円などの図形要素と，色を組み合わせて，ビットマップ画像を作成できる。

[例題 1.6]　例題 1.1 の案内文に，ペイントで地図を描き，貼り付けてみよう。

(操作 1) ペイントの起動とキャンパスの準備

① [スタート] から [Windows アクセサリ] を開き [ペイント] をクリックすると，[ペイント] が起動するので，ウィンドウを最大化する。

② 左上の白い領域が描画キャンパスで，左上の角が原点で，座標 (0,0) である。

③ キャンパスの右下角のハンドルをドラッグし，ウィンドウの 4 分の 3 程度の大きさに広げる。右側と下側にグレーの土台部分を見えるように残しておくのがよい。なぜなら，画面一杯にキャンパスを広げると，余白を残してしまうことがあるからである。

(操作 2) テキストの準備と駅の描画

① 地図に書き入れるテキストは，あらかじめ一括してキャンパスの右の方に入力しておく。テキスト入力域は，[ホーム] タブから [ツール]，[テキスト] をクリックすると開く。文字の大きさは 12 〜 14 ポイントが標準である。

② [ホーム] タブから [図形]，[四角] をクリックし，駅の長方形を描く。線の幅は最小にする。

③ [ホーム] タブから [イメージ]，[選択] から [四角形選択] をクリックし，先に入力したテキストの中の「駅名」を囲む。それをドラッグして駅の長方形の中に置く。

④ 文字の背景が駅の四角を消してしまうときは，[ホーム] タブから [イメージ]，[選択] から [透明の選択] をクリックすると透過になる。文字が駅の四角形からはみ出てしまうときは，駅名は四角形の外に置いても構わない。

(操作 3) 黒と白の縞模様の入った鉄道路線の描画

① [ホーム] タブから [図形]，[直線] をクリックし，水平に直線を描く。その際，[Shift] を押しながらマウスをドラッグすると，直線を曲げずに真直ぐ引ける（水平か鉛直に）。

② [選択] でその直線を囲み，[Ctrl] を押しながらドラッグするとコピーし平行線が描ける。

③ [直線] で平行線の間に縦に線を 1 本入れる。このときも [Shift] を押しながら線を引く。

④ [選択] で平行線を渡す縦線を含む領域を選択状態にする。[Ctrl] を押しながらその領域

をドラッグして，隣にずらすことを繰り返すと，平行線に等間隔の枠が書き入れられる。

⑤ ［ホーム］タブから［ツール］，［塗りつぶし］をクリックし，平行線の中にできた小さな四角形領域をひとつ置きに黒色で色を付けていく。これで，駅の左側の鉄道線が描画できた。これを右側にもコピーすれば，鉄道を表す黒白模様平行線が出来上がる。

⑥ このような要領で，図の全体を描く。最後に，［選択］から［すべて選択］をクリックし，絵の部分がキャンバスの左上に十分寄ったところに来るように全体を左上方向へドラッグして移動させる。右下角のハンドルを左上方向へドラッグし，右と下の不要な空白が入らないようにキャンバスを決める。この操作をトリミング（上下左右余白除去）という。

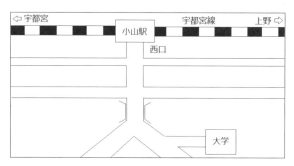

図2.1.10　ペイントによる地図の描画

(操作4) ファイルの保存と文書への貼り付け

① ［ファイル］タブから［名前を付けて保存］で，保存場所とファイル名を指定して画像を保存する。ここでは，［ファイル名］は「地図」とし，［ファイルの種類］は，「PNG」を指定し，［保存］をクリックする。

② ビジネス文書を開き，画像を貼り付けたい個所をクリックする。

③ ［挿入］タブから［図］グループの［図］をクリックする。

④ ［図の挿入］ダイアログボックスが開くので，画像ファイル「地図.png」を見つけ，［挿入］をクリックする。すると文書へ貼り付くので，四隅と四辺の上のハンドルをドラッグして大きさを調節

記
1. 日時　2020年6月14日（日）午前8時40分開会（15時30分終了予定）
2. 場所　本校グラウンド　（雨天時：第1体育館）

3. お知らせ
(1) ご観覧用に保護者席を準備しております。敷物をご持参下さい。
(2) ビデオ・写真撮影も保護者席でお願いいたします。生徒席には入れません。
(3) 後援会による飲み物・弁当等の当日販売があります。
以上
追伸：出欠について、お子様を通じ5月末日までに学級担任へお知らせ下さい。

図2.1.11　ビジュアル化された案内状

する。また，ドラッグして位置を決める。

⑤ 必要に応じて，リボン上［図ツール］の［書式］をクリックし，［配置］グループから［文字列の折り返し］をクリックし，［四角］を選ぶ。これにより，文字が回り込み，好きな場所へ移動が可能となる。

⑥ 図2.1.11は，例題1.1の案内状に地図を追加した際の画面イメージである。

1.3.5　表の挿入

　公文書でも，ページの一部に表を挿入している例は多い。ここではそのような作表の方法を練習しておこう。

[**例題1.7**]　授業中に配布し，感想や質問をかかせるリアクションペーパーを作成せよ。

(操作1)表の挿入

① タイトルを決める。

② 表を挿入する箇所をクリックしてから，［挿入］タブから［表］をクリックし，表の行数と列数を指定する。

③ 表がページに貼り付いたら，辺をドラッグして，表の大きさを変更することができる。

図2.1.12

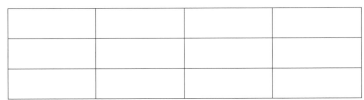

図2.1.13　表の例（3行×4列）

(操作2)表の編集

① 罫線を追加するには，表の上をクリックすると表示される［表ツール］から［レイアウト］をクリックし，［罫線の作成］グループから［罫線を引く］をクリックすると，マウスポインタが鉛筆のマークになるので，ドラッグする。

② 罫線を削除するには，同じく［罫線の作成］グループから［罫線の削除］をクリックすると，マウスポインタが消しゴムのマークになるので，消したい罫線をドラッグする。

③ セルの幅を変更するには，罫線にマウスを当てるとポインタが平行線に両方向き矢印が付いた形になるのでドラッグする。

　図2.1.14はリアクションペーパーの例である。

リアクションペーパー		
授業名		日付
所属	学籍番号	氏名
感想・質問 等		

図2.1.14　リアクションペーパーの例

章末問題

1. 例題 1.1 で作成した「第 30 回春季体育祭のご案内」の文書に対し，次の編集を施せ。

（ア）「4. 出欠について」の項目番号を 5 に変更し，その前に次の項目を挿入せよ。

---

4. お願い
(1) ご来校の際は、公共交通機関をご利用下さい。
(2) 撮影した画像・動画等をインターネット等で公開することはおやめください。
(3) 本校は全面禁煙です。また、ペットおよび酒類の持込を禁止しております。

（イ）「付記」領域の下方に，図 2.1.15 に示すような「保護者出欠票」を追加せよ。また，その内容に合わせ，「5. 出欠について」の説明文を編集せよ。

------------------------------ き り と り ------------------------------
2020 年 6 月 14 日（日）　第 30 回春季体育祭保護者出欠票
[　] 出席します （　　　　名）　　　　[　] 欠席します

学年	組	番号	生徒氏名	保護者氏名
				印

5 月末日までに学級担任へご提出下さい。

図 2.1.15　保護者出欠票

2. 図 2.1.16 は，文化祭の開催通知文書の例である。

（ア）ワープロで入力・保存せよ。ファイル名は，「文化祭開催通知.docx」とせよ。A4 用紙を使用すること。

（イ）次に，コピーを作成しファイル名を「文化祭開催通知(2).docx」とし，さらに以下の編集を施せ。

（ウ）タイトルをワードアートで修飾せよ。

（エ）文化祭にちなんだイラストを追加せよ。

（オ）「お願い」の (2) を「入場には招待券が必要です。下記の部分を切り取り，必要事項をご記入の上，当日受付へご提出下さい。」に変更し，またその招待券を表として作成し，付記の下に配置せよ。なお，招待券の部分には，「切り取り線」，「タイトル」，「参加者の学年・クラス・生徒氏名」の欄を設けること。

（カ）印刷提出するほか，メールに添付し送信する実験をしてみよ。

（キ）Word テンプレートとして保存せよ。

```
                                                        2020 年 9 月 1 日
保護者各位
                                                    国際教育大学附属中学校
                                                      校長　大行寺　伯夫
                          第 25 回文化祭のご案内
拝啓　初秋の候、皆様におかれましてはますますご健勝のこととお慶び申し上げます。平素
は本校の教育活動に多大なご協力を賜り、厚く御礼申し上げます。
　さて、本校では、来る 9 月 21 日（金）・22 日（土）の両日、秋の恒例行事である文化祭
を開催いたします。そしてこのうち 2 日目の 9 月 22 日（土）は、一般招待日となっており
ますのでご連絡申し上げます。
　各教室および体育館を使いまして、生徒によるさまざまな取り組みが展示・発表されます。
　ご多忙中とは存じますが、多数の保護者の皆様にご来校いただき、お子様の日ごろの成果
をご覧いただけましたら幸甚に存じます。
                                                              敬具
                              記
1．日時（一般招待）　2020 年 9 月 22 日（土）午前 9 時 30 分〜午後 3 時 30 分
2．場所　本校一般教室および体育館
3．受付　本校舎玄関　（午後 3 時までとさせていただきます）
4．お願い
　（1）ご面倒ですがスリッパをご用意下さい。
　（2）入場には招待券が必要です。生徒を通じて配布しておりますので、必要事項をご記
　　　入の上、当日受付へご提出下さい。
　（3）駐車スペースが不足しておりますので、お車でのご来校はご遠慮下さい。
　（4）校内は全面禁煙です。ご協力をお願いいたします。
                                                              以上
追伸：詳細につきましては、各学級担任までお問い合わせ下さい。
```

図 2.1.16　文化祭の開催案内

3. 図 2.1.17 は，理科の実験で使用する計測器の見積書送付依頼書の下書きである。
　Word に入力し，スタイルを設定し，A4 用紙に印刷してみよ。さらに次の編集を施せ。

（ア）　記書きの部分（項目 1 〜 5 の内容）を表の形に書式を変更せよ。

（イ）　メールに添付して送付する方法を試してみよ。

（ウ）　またその際，メール本文に記入する送付の通知文面にも，公文書の形式（簡略化
したものでよい）を適用せよ。

（エ）　FAX 文書として送付する場合の用紙の形式はどのようにしたらよいか考えよ。
また，定型の FAX 文書となるようテンプレートも作成せよ。

2020 年 10 月 12 日

北東工機株式会社

東京工場　営業第一課　田勢　隆様

東京都世田谷区立白東小学校

教諭　平田　希求

音量測定器の見積書送付のお願い

拝啓　時下ますますご盛栄の御事とお喜び申し上げます。平素は格別のご高配を賜り、厚く御礼を申し上げます。

　さて、11 月の理科の実験で音量測定器の使用を計画しております。下記の貴社取扱品について至急見積書をご送付くださいますようお願い申し上げます。

　以上、取り急ぎご依頼まで。

敬具

記

1	品名	音量測定器（小型デジタル式）
2	台数	1 台
3	納期	10 月 25 日を予定
4	支払	銀行振込
5	運賃	弊社負担

以上

問い合わせ先：平田　希求　TEL：03-1245-6789（理科準備室）

図 2.1.17　見積書送付依頼文書

4. 図 2.1.18 は，小学校における学級だよりのレイアウトの例である。A4 用紙 1 枚（横向き）に収めてテンプレート化せよ。また，次ページのリストは，実例として記載すべき内容を整理したものである。実際に入力・編集し，印刷してみよ。

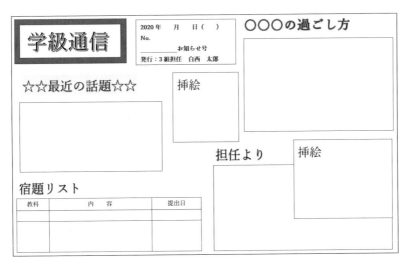

図 2.1.18　学級だより（テンプレート）

［夏休み前のお知らせ号の記載すべき内容のリスト］

（1）書誌情報：2020 年 7 月 17 日（金），No.5，夏休みお知らせ号　5 年 3 組

（2）最近の話題：いよいよ夏休みが近づきました。子どもたちの日常会話にも，夏休みの話題が増えてきました。1 学期を振り返り，学習のまとめをして，楽しい夏休みが迎えられるようにしていきたいと思います。

（3）宿題リスト：国語：漢字ドリル，社会：白地図，算数：ドリル。提出期限は休み明け。

（4）挿絵：季節のもの（2 点）

（5）夏休みの過ごし方：普段はなかなかチャレンジできないことにじっくり取り組める貴重な時間となります。ご家庭で話し合い，目標を立てていただけるとよいと思います。

（6）担任より：規則正しい生活を送れるよう，今から準備をして下さい。家庭でも役割を分担し，協力の大切さを味わえるようにして下さい。宿題は早めに済ませましょう。

5. 図 2.1.19 は，英文レターの文例である。ここで使用しているのは，タイピングの効率化のためにアメリカで考案された簡易的なフルブロックスタイルである。すべてが左寄せである点，会社から公用文書として出すためレターヘッドが上部中央に付く点，

Oyama Tech, Inc.
6-12-54 Daigyoii, Oyama-shi, Tochigi 323-8585, JAPAN
Tel：+81-285-12-3456　/ Fax：+81-285-12-8989

December 1, 2020

Mark Carter
North Tech University
Suite #100, ABC Street, Washington, DC 123442　USA

Dear Professor CARTER:
I'm not sure if you remember me, but I was your student five years ago.
Well, I'm currently applying to graduate school, and I'd be grateful if you could give me a reference.
I hope this meets with your approval.
Sincerely,

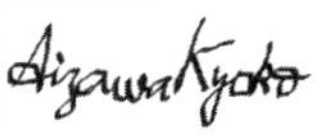

Kyoko Aizawa
Managing Director – Oyama Tech, Inc.

図 2.1.19　英文レターの例（アメリカ式）

件名を自由に配置している点（ここでは省略），が特徴である。

　内容は，大学の指導教授へ宛てた，大学院進学に際しての推薦状の依頼文書である。入力・保存し，A4用紙に印刷してみよ。

6. PCで文書管理するために次のようなフォルダ構成を考えた。Word文書上でSmartArtを使って木構造で表してみよ。

（ア）宿題の文書
  （1）Office関連の宿題
    a. Word文書
    b. Excelブック
  （2）プログラムのソースファイル
（イ）メールのテキスト保存
  （1）大学関連
    a. サークル関連
    b. 友人関連
    c. 授業関連
  （2）アルバイト関連

7. 文書管理の内容と方法に関して，教育，行政，企業の3分野における違いを述べよ。

8. クリエイティブ・コモンズとは，著作物に設定する著作権のレベル（ユーザに対しどのような利用までを許すかの程度）を明確化し普及を図る国際非営利団体である。彼らが規定する著作権のレベルにはどのような種類があるか調べてみよ。

【参考文献】
師啓二・樋口和彦・舩田眞里子・黒澤和人『これからの情報科学』学文社，2018
リン・ロブソン著，植木祥恵訳『レター・FAX・Eメールにすぐ使えるセレクト表現』明日香出版社，1998
富田眞司『提案書・企画書がスラスラ書ける本』かんき出版，2005
関みつ代監修『学年・学級だより 文例＆イラストカット』ナツメ社，2014
竹村和浩「本格英文ビジネスレター指南！セミブロックって何？英文ビジネスレター5つの形式［ビジネス英会話］All About」
https://allabout.co.jp/gm/gc/59734/（2020年3月18日閲覧）

第2章　表計算ソフトの活用

　表計算ソフトの活用場面は，統計処理，会計処理，データベースなど広範囲におよぶ。本章では，このうち統計処理分野に焦点を当て，その基礎を整理している。

2.1　基本操作

2.1.1　表の作成

　表計算は，データを表として入力するところから始まる。

　表の構成要素は，上から順に，タイトル，単位，表の本体，出所，但し書きからなる。なお，表の本体は，横見出し，縦見出し，データ部からなり，罫線を入れるのが一般的である。

[例題 2.1]　関東一都六県の面積を表にする。

（操作 1）表の構造の確定とデータの入力

　1行目から順に，左詰めで各要素を入力していく。セル幅も含め，スタイル設定はしない。表の本体は，横と縦の見出しを含む長方形領域で，罫線を入れて他と区別がつくようにする。

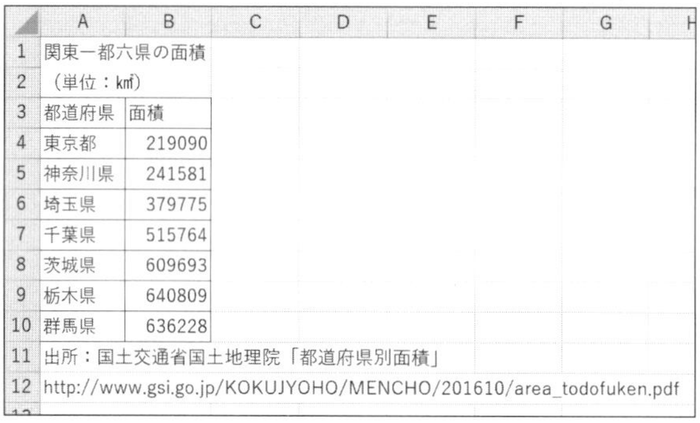

図 2.2.1　表の作成とファイル保存

（操作 2）表の本体の全体幅を決定

① セルの幅を調節し，表の本体の全体幅を決める。ポイントは，タイトル，出所，URL など，すべてが収まる幅にすることである（図 2.2.2 参照）。

② タイトルは，「セルを結合して中央揃え」を実行する。

③ 単位は，「セルを結合して中央揃え」を実行後，[右揃え]にする。

④ 出所は，名称も URL も長くなりがちなので，表の全体幅に収まるように調節する。改行

を入れて2行に折り返してもよいし，フォントを小さくする手もある。

(操作3)スタイルの設定

① ［ホーム］タブを開き，［スタイル］グループの［良い］の右側にある，横線が上に付いている下向き三角（その他）のボタン（単なる下向き三角のボタン▼ではない）をクリックする。すると，［タイトルと見出し］と［テーマのセルスタイル］のボタンの一覧表が表示される。各セルへのスタイル設定はこの一覧から，まず色を設定し，次にフォントを設定する。フォントを先に設定すると，色の設定で解除されてしまう。

② タイトルと単位に，最も適するフォントスタイルを選び設定する。

③ 横見出しと縦見出しには，データ領域と区別するため［20％アクセント］の色を付ける。

④ 罫線が消えてしまった場合は，スタイル設定の後に再度設定する。

	A	B	C
1	関東一都六県の面積		
2		（単位：k㎡）	
3	都道府県	面積	
4	東京都	219,090	
5	神奈川県	241,581	
6	埼玉県	379,775	
7	千葉県	515,764	
8	茨城県	609,693	
9	栃木県	640,809	
10	群馬県	636,228	
11	出所：国土交通省国土地理院「都道府県別面積」		
12	http://www.gsi.go.jp/KOKUJYOHO/MENCHO/201610/area_todofuken.pdf		
13			

図2.2.2　表のスタイル設定

2.1.2　基本的なグラフ

ここでは，Excel のグラフ描画機能について整理する。ポイントは次の3つである。

- データのセル範囲とグラフの種類さえ指定すれば，グラフの暫定版がすぐさま描かれるので，データの傾向を即座に知ることができる。

- 基本は，**棒グラフ**，**折れ線グラフ**，**円グラフ**の3種である。ただし，役割はそれぞれ異なり，選択を誤るとデータの特徴に気付くこともできず，また伝えることもできない。

- グラフは Excel の出力結果であって，分析結果ではない。データにどんな特徴が潜んでいるかを，グラフから人間が読み取る必要があり，それが分析の第一歩となる。

（1）棒グラフ

棒グラフは，項目間の大小比較に用いる。

［例題2.2］　図2.2.2のデータに対し，各都道府県を項目軸にとり，面積を数値軸にとれば，都道府県の面積の大小を棒の長さで比較できる。

(操作1)棒グラフの描画

① 横と縦の見出しを含む領域［A3:B10］をドラッグして選択する。

② ［挿入］タブから［グラフ］，［横棒／縦棒グラフの挿入］をクリックし，［2D-縦棒］をポイントし，［集合縦棒］をクリックすると棒グラフ（暫定版）が描画される（図2.2.3）。

③ データ選択にミスがないか，傾向はこれでよさそうか，などを確認し，もしこれでよければ，操作2に移り，グラフを完成させる。

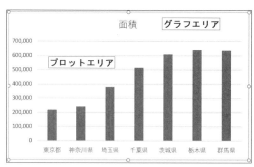

図2.2.3　グラフ（暫定版）

(操作2)棒グラフの完成

① ［**グラフエリア**］をクリックし，グラフを選択状態にすると，［グラフツール］が起動する。

② ［デザイン］タブを開き，［グラフ要素を追加］をクリックし，そこに表示される各要素を順に選択し，設定内容をそれぞれ調節する。

> ［**軸ラベル**］の［第1横軸］（項目軸ラベルのこと）

> ［軸ラベル］の［第1縦軸］（数値軸ラベルのこと。通常，文字を90度左に寝かせる）

> ［**グラフタイトル**］

> ［**データラベル**］の［外側］（ラベルが重なるようなときは表示しない）

> ［**目盛線**］（必要に応じて入れる）

> ［**凡例**］（データ系列が複数の場合のみ選択する）

③ ［**プロットエリア**］をクリックし，［プロットエリアの書式設定］を開き，［枠線］を単色で入れ，［影］を「右下」に設定する。縦と横の幅，位置も微調整する。

④ ［グラフエリア］にも同様の設定を施す。縦と横の幅，位置も微調整する。

⑤ 必要に応じて［数値軸目盛ラベル］の上で右クリックし，［軸の書式設定］を開き，［境界値］の最大値と最小値を変更する。

(操作3)結果の評価

　図2.2.3のグラフに対し，操作2の設定を施した結果が図2.2.4の完成版である。棒グラフから，データの特徴を読み取る。たとえば茨城，栃木，群馬の各県の面積は東京都の3倍弱で

あること，千葉県の面積は神奈川県の2倍強であることなどがわかる。

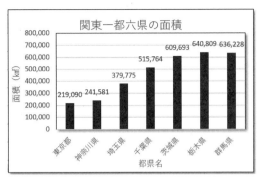

図2.2.4　棒グラフ（完成版）

(2) 折れ線グラフ

折れ線グラフは，データが時間的な流れにしたがってどう推移するかを表現するのに適している（中・長期的なマクロな視点）。また，直線の傾きにより時間的な変化の割合を表すことができる（変化が急激か緩やかかなど，ミクロな視点）。

[**例題2.3**]　図2.2.5の表は，ある年度上期の月次平均株価データである。それを折れ線で表したのが図2.2.6である。描画手順は，棒グラフの場合とほぼ同様なので省略する。1月から4月まで急激な上昇，4月をピークとして下降に転じている。ただし，4月から5月の変化に対し，5月から6月にかけての下降線は緩やかになり，減少率は小さくなっている。

	A	B
1	月次平均株価	
2		（単位：円）
3	月	株価
4	1月	11,100
5	2月	11,500
6	3月	12,400
7	4月	13,800
8	5月	13,000
9	6月	12,800

図2.2.5　月次平均株価データ

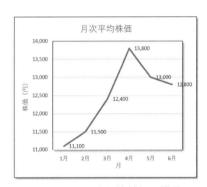

図2.2.6　月次平均株価の推移

(3) 円グラフ

円グラフは，構成比率を見るのに適している。ただし，大きい順に並べ替えてからグラフを描画することで，全体に対する各項目の貢献の度合い（パーセンテージ）が比較できる。

[**例題2.4**]　図2.2.7の(a)の表は，ある月の各自動車メーカーの新車販売台数（普通自動車）のデータである。これを台数の多い順に並べ替えたのが(b)の表である。ただし，「その他」

の項目は最下位に置いたままにしている。

	A	B
1	新車販売台数	
2		(単位：台)
3	ブランド	台数
4	A社	19
5	B社	11,000
6	C社	5,000
7	D社	7,500
8	E社	1,600
9	F社	11,000
10	G社	9,000
11	H社	1,100
12	I社	47,000
13	その他	29,000
14		

（a）アルファベット順

	A	B
1	新車販売台数	
2		(単位：台)
3	ブランド	台数
4	I社	47,000
5	B社	11,000
6	F社	11,000
7	G社	9,000
8	D社	7,500
9	C社	5,000
10	E社	1,600
11	H社	1,100
12	A社	19
13	その他	29,000
14		

（b）台数の多い順

図2.2.7　新車販売台数

（操作1）データの並べ替えと円グラフ（暫定版）の描画

① 図2.2.7の (a) の表で，A4〜B12をドラッグして領域選択する。

② ［データ］タブから［並べ替えとフィルター］グループの［降順］（下向き矢印の左側にZAと表示されているボタン）をクリックする。

③ 表が，図2.2.7の (b) に変更されるので，A3〜B13を領域選択する。

④ ［挿入］タブから［グラフ］グループの［円またはドーナツグラフの挿入］をクリックする。

⑤ ［2-D円］の［円］をクリックすると円グラフの暫定版が表示される。

（操作2）円グラフ（完成版）の描画

① ［グラフ要素を追加］から［凡例］をクリックし，［しない］にする。

② ［グラフ要素を追加］から［データラベル］で［その他のデータラベルオプション］を選択し，［分類名］と［パーセンテージ］と［引き出し線を表示する］にチェックを入れる。

③ プロットエリアにはスタイルを設定しない。

④ グラフエリアは，他のグラフと同様に，枠線と影を設定する。

（操作3）結果の評価

　図2.2.8の円グラフは，図2.2.7の (b) の表に基づいて作成したものである。これによると，トップシェアはI社で全体の4割弱の台数を販売していること，上位3社で全体の6割弱の台数を販売していること，上位6社で全体の75%の台数に達していることなどがわかる。

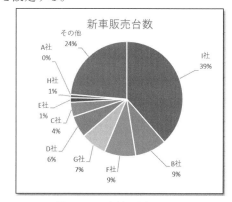

図2.2.8　新車販売のシェア

【演習問題 2.1】

表で示した次の各データに対し，最も適すると思われるグラフの種類を棒グラフ，折れ線グラフ，円グラフから選び実際に描画せよ。また，各グラフからデータの特徴をそれぞれ 3 つ以上読み取り，「評価」欄を設け箇条書きでまとめよ。

1. 販売実績データ

年 / 機種	2015	2016	2017	2018	2019	2020
ワークステーション販売実績 <北利根電産システム株式会社> (単位：台)						
AB2015	64	62	68	65	52	74
AF2920	46	56	75	76	70	80
LA5550	38	40	53	48	62	67

図 2.2.9　ワークステーション販売実績

2. 出荷額データ

府県	産出額
近畿地域における野菜の産出額 (単位：億円)	
滋賀	76
京都	248
大阪	158
兵庫	396
奈良	112
和歌山	160
総額	1150

出典：農林水産省「近畿における野菜生産の現状・課題及び可能性」
http://www.maff.go.jp/kinki/kikaku/jyousei/pdf/04_tokusyu.pdf

図 2.2.10　近畿地域における野菜の産出額

3. 受注実績データ

種別 / 拠点	ソフトウェア開発	ネットワーク構築・保守	コンサルタント／研修	車載・電装／ロボット
西日本電産株式会社11月度業務受注実績 (単位：件)				
大阪本店	37	28	25	31
豊橋支店	21	23	17	32
敦賀支店	7	7	8	10
広島支社	28	21	18	12
福岡支社	11	14	13	9
徳島支店	4	5	11	3

図 2.2.11　西日本電産株式会社 11 月度業務受注実績

2.2　基本的な関数の使い方

2.2.1　基本統計量の算出

　成績表の作成を例に，Excel の**ワークシート関数**の中の統計関数の使い方を学ぼう。ワークシート関数（以後，単に関数という）とは，値，セル番地，処理法など計算に必要な情報を**引数**（パラメータ）として指定すると，自動的に結果を返してくれる機能である。

[例題 2.5]　成績表の作成（縦の集計）

（操作 1）データ表の作成とブックの保存

① Excel を起動し，新規ワークシートを開き，タイトルと単位（テストの結果なので満点の指定），表の横見出し（No., 学籍番号，英語），同じく縦見出しを入力する。

② 表の本体に罫線を引き，セル幅を設定し，表の各要素にスタイルを設定する。

③ ブック名「3 年 1 組成績表 .xlsx」として保存する。

④「英語」の欄に成績データを入力し，データ表を完成させる（図2.2.9参照）。

【注意】No. と学籍番号の欄については，それぞれ先頭の 2 個を入力した後，その 2 つをドラッグして領域指定し，右下の角の十字形をプルダウンすると，3 個目以降を自動入力できるので試してみよ（オートフィル機能）。また，データ入力では，データの読み合わせなどの正誤チェックを欠かさないこと。

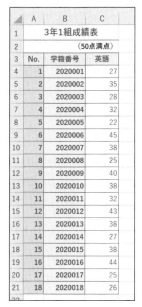

図 2.2.12　データ表

（操作 2）基本統計量の算出

① B22 ～ B29 に 8 つの基本統計量の名称を見出しとして入力し，スタイル設定する。

② C22 ～ C29 に関数の式を入力する。C22 の場合を例に，式の入力手順を示す。

		実際に入力する式
平均値	33.5	C22セル　=AVERAGE(C4:C21)
標準偏差	7.31839	C23セル　=STDEV.S(C4:C21)
分散	53.5588	C24セル　=VAR.S(C4:C21)
範囲	23	C25セル　=C27-C26
最小値	22	C26セル　=MIN(C4:C21)
最大値	45	C27セル　=MAX(C4:C21)
合計	603	C28セル　=SUM(C4:C21)
データ数	18	C29セル　=COUNT(C4:C21)

図 2.2.13　基本統計量の算出

　　➤ 入力モードを半角英数に切り替え，式であることを示す先頭の「=」に続けて関数名を入力する。

　　➤ =av…と何文字か入力すると下側に関数の候補が表示されるので，矢印キーで適する関数，ここでは AVERAGE に移動し［Tab］キーを押すと，関数名が大文字で，括弧まで入力された形で「=AVERAGE（」となる。

　　➤ 下側に関数の書式が表示されるので，それをヒントに引数をコンマで区切って並べる。今回の例では，引数は 1 つで処理対象の範囲「C4 : C21」である。実際にシート上でそ

の範囲をマウスでドラッグすると，自動的に式中に入力される。

> 最後に括弧を閉じて［Enter］キーを押す（これらはキー入力）と，結果が表示される。

> 式に入力ミスがあった場合は，F2 キーを押し，矢印キーで戻って訂正すること。

（操作3）出力結果の評価

① 平均値は 33.5。釣り合いを保つ重心の位置。

② 母集団が正規分布にしたがっていると仮定すると，全データの約 68％もしくは 3 分の 2 が入っている範囲は 33.5 ± 7.32 と見積もられる。

③ 変動係数（相対的なバラツキの大きさ）は，7.32/33.5=0.218=21.8％。

④ 他に同様のデータがあれば比較し，今回のテスト結果の特徴を記述する。

【注意】

- 関数の引数にセル範囲を入力する際は，キー入力ではなく（ミスを起こしやすいので），マウスで実際に範囲をドラッグすること。単独のセルの場合はセルをクリックする。

- 今回のデータは母集団全体であるとみなせるので，統計関数としては，分散には標本分散 VAR.P を，標準偏差にはその平方根の STDEV.P をそれぞれ使うのが本来であるが，次節の内容に合わせ，不偏分散 VAR.S とその平方根の STDEV.S を使用している。

2.2.2 偏差値，順位，評定の算出

偏差値，順位，評定の欄を追加し，成績表を完成させよう。

[例題 2.6] 成績表の作成（横の集計）

（操作1）表の編集

① 偏差値，順位，評定の見出しを追加し，セル幅を設定する。

② 範囲 A3：F21 を対象として罫線を引き直す。

③ 表のタイトルと単位の欄で，［セルを結合して中央揃え］とスタイルを設定し直す。

（操作2）式の入力

① D4 に，偏差値を求める式「=ROUND（(C4-$C$22)/$C$23*10+50,0)」を入力する。

（ア） D4 セルに入力する偏差値の計算式を公式的に書くと次の通り。

$$= \frac{(得点 - 平均値)}{標準偏差} \times 10 + 50$$

（イ） D4 セルの式「=ROUND（(C4-$C$22)/$C$23*10+50,0)」の入力手順

> 「=ro」までキー入力すると関数の候補 ROUND が表示されるので，矢印キーでたどり［TAB］キーを押すと「=ROUND（」まで表示される。

> 「(」をキー入力し，シート上の C4 セルをクリックする。

> 「-」と入力し，C22 セルをクリックする。

➢ 「）／」と入力したら，C23 をクリックする。

➢ 「＊10+50,0)」を入力し，［Enter］キーを押すと確定し，41 と表示される。

➢ D4 セルに戻り，編集キー F2 を押し，矢印キーで左へたどり，C22 の上でファンクションキー F4 を押すと $ マークが付いて「$C$22」となる。さらに，C23 の上に移動し，同じく F4 を押すと「$C$23」となる。

➢ ［Enter］キーを押す。

（ウ）　ROUND 関数は，四捨五入した結果（丸めともいう）を返す。引数には，四捨五入の処理対象と，小数点以下第何位まで表示したいかの 2 つを指定する。

（エ）　相対番地と絶対番地：$ マークの付いた番地を**絶対番地**，付かない場合を**相対番地**という。式を他のセルにコピーすると，セル番地が自動的に相対的にずれてくれて便利である。一方，同じ場所を示しておきたい場合は，絶対番地で番地を指定する。

② E4 には，順位を求めるための式「=RANK.EQ（D4,$D$4:$D$21,0)」を入力する。

（ア）　この式の入力手順は，D4 セルの場合と同様である。

（イ）　RANK.EQ 関数とは，全体の中での順位を求める関数である。ただし，同順位の場合は最上位の順位を返す。

（ウ）　RANK.EQ 関数の第 1 引数は対象となる値，第 2 引数はデータ全体の範囲，第 3 引数は降順なら 0，昇順なら 1 を指定する。

（エ）　データ全体の範囲は，どの式で指定しても常に同じなので絶対番地で指定する。

③ F4 には，評定の計算式「=IF（D4>=60,"A",IF（D4>=50,"B",IF（D4>=40,"C","D")))」を入力する。ここで使用しているのが「IF 関数」である。

（ア）　式「=IF（D4>=60,"A",IF（D4>=50,"B",IF（D4>=40,"C","D")))」の解説。

➢ 式の入力手順：省略。括弧が入れ子になっている点に注意せよ。

➢ 評定の基準がわかるように，成績表の右側に「データ区間」（評定と偏差値の範囲の対応表）を付けておく。

（イ）　IF 関数とは，もし，第 1 引数の式が成り立てば，第 2 引数を答えとし，もしそうでなければ第 3 引数を答えとせよという機能である。

（ウ）　多重括弧を使って，IF 関数を入れ子にしている。これにより，2 つの場合分けでなく，もっと多くの場合分けが実現できる。上の式を翻訳すれば，「D4 が 60 以上なら A と表示，そうでないときはさらに，もし 50 以上なら B と表示，そうでないときはさらに，もし 40 以上なら C と表示，そうでなければ D と確定。」

（操作 3）式のコピー

① D4 の右下角の十字形を 21 行目までドラッグして放すと，D4 セルの式が D5 〜 D21 の各セルにコピーされる。その際，絶対番地以外はすべて相対的に番地がずれている。

② E4とF4についても，同様に式のコピーが可能である。E列とF列については，列ごとにコピーせず，E4：F4を領域指定し，右下角の十字形をドラッグしてもよい。

③ C22：C29を領域指定し，右下角の十字形を右に1セル分ドラッグすると，D列についても縦の集計（基本統計量の算出）ができる。

	A	B	C	D	E	F	G	H	I	J
1			**3年1組成績表**							
2					**（英語は50点満点）**					
3	No.	学籍番号	英語	偏差値	順位	評定		評定	範囲	
4	1	2020001	27	41	13	C		D	39	
5	2	2020002	35	52	9	B		C	49	
6	3	2020003	28	42	12	C		B	59	
7	4	2020004	32	48	10	C		A	60	
8	5	2020005	22	34	18	D				
9	6	2020006	45	66	1	A				
10	7	2020007	38	56	5	B				
11	8	2020008	25	38	16	D				
12	9	2020009	40	59	4	B				
13	10	2020010	38	56	5	B				
14	11	2020011	32	48	10	C				
15	12	2020012	43	63	3	A				
16	13	2020013	38	56	5	B				
17	14	2020014	27	41	13	C				
18	15	2020015	38	56	5	B				
19	16	2020016	44	64	2	A				
20	17	2020017	25	38	16	D				
21	18	2020018	26	40	15	C				
22		平均値	33.5	49.88889						
23		標準偏差	7.31839	10.08137						
24		分散	53.5588	101.634						
25		範囲	23	32						
26		最小値	22	34						
27		最大値	45	66						
28		合計	603	898						
29		データ数	18	18						

実際に入力する式
D4セル　=ROUND((C4-$C$22)/$C$23*10+50,0)
E4セル　=RANK.EQ(D4,$D$4:$D$21,0)
F4セル
=IF(D4>=60,"A",IF(D4>=50,"B",IF(D4>=40,"C","D")))

図2.2.14　成績表

（操作4）出力結果の評価

① 個々の生徒の成績を確認する。

② 他の結果との比較を行う。

【演習問題 2.2】

1. 次のデータは，本文の例題（英語のデータ）と同じく，3 年 1 組の期末試験における国語の点数である。次の手順で成績処理を実施せよ。

   32, 36, 30, 35, 26, 47, 42, 32, 38, 40, 30, 38, 40, 35, 40, 40, 28, 30

   (1) 例題と同じブックに新しいシートを開き，「英語」の成績表を参考に「国語」の欄をとり，データを入力する。

   (2) 国語の点数に対し，縦の集計（基本統計量）を行う。

   (3) 偏差値，順位，評定の欄を追加し，データを処理する。

   (4) 偏差値に対しても，縦の集計（基本統計量）を行う。

2. 次のデータは，ある年度の数理クラスの 19 人の数学のテスト 3 回分の合計点数（300 点満点）である。次の処理を実施せよ。

   210, 174, 170, 230, 230, 201, 194, 178, 176, 164, 198, 320, 265, 174, 128, 240, 185, 264, 304

   (1) 新しいブックを開き，「数学」の欄をとり，データを入力する。

   (2) 数学の点数に対し，縦の集計（基本統計量）を行う。

   (3) 偏差値，順位，評定の欄を追加し，データを処理する。

   (4) 偏差値に対しても，縦の集計（基本統計量）を行う。

2.3 その他の関数の使い方

2.3.1 度数分布の求め方

クラス全体の状況を知るのに度数分布表は有効な手段となる。ここでは，FREQUENCY 関数を使って度数分布表を作る方法を試そう。データには例題 2.6 と同じものを使用する。

［例題 2.7］ FREQUENCY 関数を使った度数分布表の作成

（操作 1）データの確認と表の準備

① 処理対象の確認：英語の偏差値データ［D4：D21］を使用する。

② データ区間の確認：評定の欄には，評定名が評定の低い方から順に並んでいる。これに対し，範囲（級ともいう）は，通常「～以上～未満」とするが，機械では意味が理解できないので「～より大きく～以下」に変更し，右端を並べる。最上位の範囲は「～より大きい」となり右端が決まらないので範囲指定からは除外する。

③ 出力先の設定：範囲ごとの「度数」（頻度ともいう）の出力先を新たな欄として追加する。今度は，評定 A の度数の出力先も含めておく。範囲は D，C，B の 3 つであったが，それより大きいデータは「次の級」として自動的に集計されるので追加しておくのである。

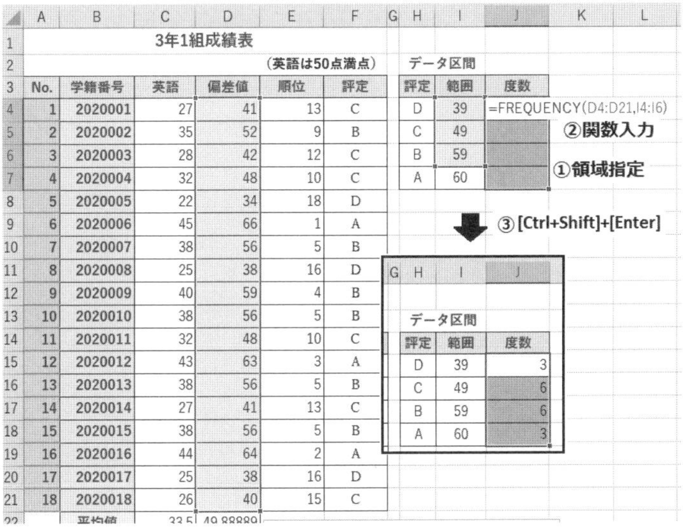

3年1組成績表（英語は50点満点）

No.	学籍番号	英語	偏差値	順位	評定
1	2020001	27	41	13	C
2	2020002	35	52	9	B
3	2020003	28	42	12	C
4	2020004	32	48	10	C
5	2020005	22	34	18	D
6	2020006	45	66	1	A
7	2020007	38	56	5	B
8	2020008	25	38	16	D
9	2020009	40	59	4	B
10	2020010	38	56	5	B
11	2020011	32	48	10	C
12	2020012	43	63	3	A
13	2020013	38	56	5	B
14	2020014	27	41	13	C
15	2020015	38	56	5	B
16	2020016	44	64	2	A
17	2020017	25	38	16	D
18	2020018	26	40	15	C
	平均値	33.5	49.88889		

データ区間

評定	範囲	度数
D	39	=FREQUENCY(D4:D21,I4:I6)
C	49	
B	59	
A	60	

データ区間

評定	範囲	度数
D	39	3
C	49	6
B	59	6
A	60	3

図 2.2.15　FREQUENCY 関数による度数分布表の作成

（操作 2）度数分布表の表示（FRERQUENCY 関数と配列数式の利用）

① 度数分布の出力先として，セル範囲［J4：J7］をドラッグして領域指定する。

② 先頭の J4 セルに，次の FREQUENCY 関数の式を「)」まで入力し，③に移る。

=FREQUENCY（D4:D21，I4:I6）

セル範囲［D4：D21］と［I4：I6］は，シート上でドラッグして指定する。キー入力しない。

この式は，セル範囲［D4：D21］をデータ，セル範囲［I4：I6］を範囲として，①で指定した領域に度数分布表を出力せよという意味である。

③ 関数式を最後尾の「）」まで入力したら，［Ctrl］キーと［Shift］キーを押しながら，［Enter］キーをポンと押す（これを簡単に，［Ctrl+Shift］＋［Enter］と書く）。すると，領域指定したところに，度数が出力される。以上が，ひとつの関数式を使って，ある領域に結果を一括出力するための**配列数式**という機能である。

2.3.2　箱ひげ図と5数要約によるデータの整理

数値の大小が問題になるデータのことを一般に**量的データ**という。また，それらのうち長さや時間のように，測定の精度が上がればいくらでも小数点以下の桁数を増やせる実数値データのことを**連続量データ**という。ただし，現実の場面では，価格，個数，試験の点数などのように実際は離散量であるものも連続量として取り扱うことが多い。今回，例題で使用している英語の得点データも，このような連続量データの典型といってよい。

さて，実験や観察の結果，連続量データをあるまとまった個数入手した場合に，取り敢えず行う集計方法として，箱ひげ図と5数要約というのがあるので紹介する。成績表を作るなどの特別な目的がない場合は，まずはこの方法でデータの整理を行う。とはいえ，練習としては，これまでと同様の例題のデータを使用するのがよいだろう。

［例題 2.8］　例題 2.7 の英語の 50 点満点のデータを処理してみよう。

（操作 1）箱ひげ図の描画

① 見出しも含め，セル範囲［C3：C21］をドラッグし領域指定する。

② ［挿入］タブから［グラフ］グループの右下角の［すべてのグラフを表示］をクリックする。

③ ［グラフの挿入］ダイアログボックスが開くので，［すべてのグラフ］タブをクリックし［箱ひげ図］を選択し，［OK］をクリックすると，**箱ひげ図** (暫定版) が表示される。

④ グラフツールが開くので，［デザイン］タブの［グラフ要素を追加］をクリックし，必要箇所を変更する。ここでは，［軸］の［第1横軸］をクリックして無効にし，タイトルを付け，データラベルを［右］に設定する。

⑤ 箱の内部をクリックし，グラフツールの［書式］タブで，［図形の塗りつぶし］をクリックし，［塗りつぶしなし］を選択する。同じく［図形の枠線］をクリックし，線の色を黒にする。

⑥ プロットエリアをクリックし，［図形の枠線］で線の色を黒にする。同じく，［図形の効果］をクリックし，影を右下に設定する。

⑦ 左端の縦の数値軸のメモリラベルをクリックしてから右クリックし，［軸の書式設定］をクリックする。［軸のオプション］で［境界値］の［最小値］を 20 に設定する。

⑧ プロットエリアとグラフエリアについて，大きさと位置を調整し箱ひげ図を完成させる。

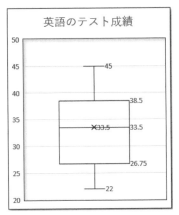

図 2.2.16　英語のテスト成績の箱ひげ図

(操作2)5数要約によるデータの整理

① 箱ひげ図の右側にデータラベルとして付いている5つの値を **5数要約** といい，小さい順に，**最小値**（第0四分位数），**第1四分位数**（25パーセント点），**中央値**（第2四分位数，50パーセント点），**第3四分位数**（75パーセント点），**最大値**（第4四分位数）という。

② 箱の中央に×印で表示されているのは **平均値** である。

【注意】箱の幅 D を **四分位差** といい，箱の上下から 1.5D 以上離れた値を外れ値とする。今回のデータには外れ値はない。

　5数要約は，ワークシート関数の QUARTILE.INC 関数でも求められる。

- 最小値：「= QUARTILE.INC（$C$4:$C$22, 0)」
- 第1四分位数：「= QUARTILE.INC（$C$4:$C$22, 1)」
- 中央値：「= QUARTILE.INC（$C$4:$C$22, 2)」
- 第3四分位数：「= QUARTILE.INC（$C$4:$C$22, 3)」
- 最大値：「= QUARTILE.INC（$C$4:$C$22, 4)」

　QUARTILE.INC 関数の代わりに，PERCENTILE.INC 関数も利用できる。また，最小値，中央値，最大値には，それぞれ MIN，MEDIAN，MAX 関数も利用できる。

【演習問題 2.3】

1. 演習問題 2.2 の 1. のデータに対し，度数分布表，箱ひげ図，5数要約を求めよ。
2. 演習問題 2.2 の 2. のデータに対し，度数分布表，箱ひげ図，5数要約を求めよ。
3. 例題 2.7 の度数分布表と同じものを，COUNTIF 関数を使って求めてみよ。

2.4 分析ツール

2.4.1 分析ツールの準備

Excelには，さまざまな統計手法をマクロとして集めた**分析ツール**が組み込まれている。本節では，分析ツールを利用した推測統計の処理を実習する。

分析ツールはExcelのアドイン機能のひとつで，一度有効にしておけばいつでも利用できる。なお，分析ツールを起動するための命令は［データ分析］という名称になっている。

（操作）［データ分析］ツールのアドイン

① ［ファイル］タブから［オプション］をクリックし，［Excelのオプション］ダイアログボックスで，［アドイン］をクリックする。

② ［アドイン］ペインの下方の［設定］をクリックすると，［アドイン］ダイアログボックスが表示されるので，［分析ツール］にチェックを入れ，［OK］をクリックする。

③ Excelの［データ］タブの［分析］グループに，［**データ分析**］が追加される。

図2.2.17 ［データ分析］コマンド

【注意】［データ］タブから［データ分析］のアイコンが消えることもある。メモリの余裕がなくなったためと考えられるので，不要なシートやグラフを削除し，再度アドインすること。

2.4.2 基本統計量ツール

基本統計量ツールは，指定したデータ系列に対し，例題2.5で求めたのとほぼ同様の統計量を自動計算し，結果を一覧表の形で出力する機能である。

［例題2.9］ 成績データ処理（その1）

（操作1）データの準備

① 新規にExcelブックを開き，Sheet1に例題2.5のデータ表をコピーし，英語のデータ系列の右に，【演習問題2.2】1.の国語のデータを入力する。

② シート名を「データ表」，ブック名を「成績データ処理.xlsx」とする（図2.2.18参照）。

	A	B	C	D
1		3年1組成績表		
2				(50点満点)
3	No.	学籍番号	英語	国語
4	1	2020001	27	32
5	2	2020002	35	36
6	3	2020003	28	30
7	4	2020004	32	35
8	5	2020005	22	26
9	6	2020006	45	47
10	7	2020007	38	42
11	8	2020008	25	32
12	9	2020009	40	38
13	10	2020010	38	40
14	11	2020011	32	30
15	12	2020012	43	38
16	13	2020013	38	40
17	14	2020014	27	35
18	15	2020015	38	40
19	16	2020016	44	40
20	17	2020017	25	28
21	18	2020018	26	30

図2.2.18 データ表

(操作2)［基本統計量］ツールの実行

① ［データ］タブから［分析］グループの［データ分析］をクリックする。

② ［データ分析］ダイアログボックスが開くので，［**基本統計量**］をクリックする。

③ ［基本統計量］ダイアログボックスが開くので，必要事項を入力し［OK］をクリックする。

> ［入力範囲］や［出力先］の入力ボックスにセル範囲やセル番地を入力する際は，ケアレスミスを起こすので，キー入力してはいけない。入力ボックスの右端の上向き矢印のボタンをクリックすると，ワークシートに移るので，実際に該当のセルをクリックするか，セル範囲をドラッグするかして指定すること。

> 出力オプションの［出力先］には，出力先となる領域の左上の角一カ所を指定する。

> 同じく出力オプションの［統計情報］と［平均の信頼度の出力］にチェックを入れる。信頼度は95％に設定しておく。

④ 下図は，［基本統計量］ダイアログボックスとその出力結果である。

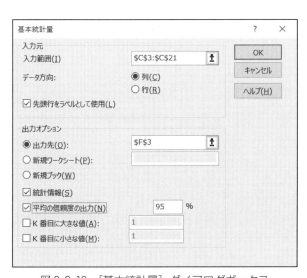

図2.2.19 ［基本統計量］ダイアログボックス

	F	G
	●基本統計量	
	英語	
	平均	33.5
	標準誤差	1.724961
	中央値（メジアン）	33.5
	最頻値（モード）	38
	標準偏差	7.318389
	分散	53.55882
	尖度	-1.36799
	歪度	0.048117
	範囲	23
	最小	22
	最大	45
	合計	603
	データの個数	18
	信頼度(95.0%)(95.0%)	3.639349

図2.2.20 出力結果

⑤ 出力結果の評価

たとえば，次のような項目に着目し，データの特徴をつかむとよい。

平均：**標本平均**のこと。母平均の点推定に利用できる。

> 分散：**不偏分散**のこと。母分散の不偏推定量として利用できる。

> 標準偏差：不偏分散の平方根が表示される。正規分布だと仮定すると，平均値±標準偏差の範囲に全体の7割弱のデータが入ることなどを目安にするとよい。

> **信頼度**（95.0%）：母平均の区間推定に利用できる。「平均値±値」で答える。

2.4.3 ヒストグラムツール

ヒストグラムツールは，**度数分布表**とヒストグラムを自動生成する機能をもっている。

［例題 2.10］ 成績データ処理（その2）

(操作1)［ヒストグラム］ツールの実行

① ［データ分析］ダイアログボックスで，［**ヒストグラム**］をクリックする。

② ［ヒストグラム］ダイアログボックスが開くので，必要事項を入力し［OK］をクリックする。

> 今回は［データ区間］は省略する。

> ［累積度数分布の表示］と［グラフ作成］の2つをチェックする。

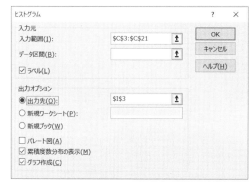

図 2.2.21 ［ヒストグラム］ダイアログボックス

③ 度数分布表とヒストグラムの暫定版が表示される。

> 要素（棒グラフの棒のこと）の上で右クリックし，［データ系列の書式設定］をクリックし，要素間の幅を0にする。ヒストグラムでは，データ区間がすべて連続的に隣接しているため，その上に築く縦棒も密着させるのである。

> 要素の［塗りつぶし］で，「塗りつぶし（パターン）」を設定すると見やすくなる。

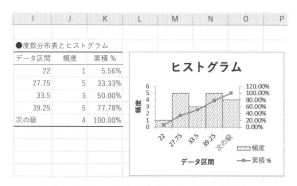

図 2.2.22 度数分布表とヒストグラム

④ 出力結果の評価

ヒストグラムの形から分布の特徴を読み取る。今回の例ではたとえば次の通り。

➢ ピークが2つある。

➢ 最小のデータ区間を除いて，すべて頻度は3±2の範囲に入る。

【注意】Excelにおける度数分布表とヒストグラム

• データ区間は，「A以上B未満」と設定するのが通例であるが，Excelでは「Aより大きく
  B以下」と逆転し，見出しにも右端のBの値だけを並べる。

• ［入力元］の指定で，［データ区間］を空欄にした場合

➢ データ区間数はデータの個数の平方根の整数部分である。上の例では，18の平方根の整
  数部分で4となる。ただし，最終的に［次の級］がひとつ追加され，5となる。

➢ 最小のデータ区間は，右端が最小値に設定される。したがって，最小のデータ区間の頻
  度は必ず最小値の個数となり，上の例では1となる。

➢ データ区間の幅には，範囲（最大値と最小値の差）をデータ区間数で割った数を当てる。
  したがって，整数になるとは限らない。上の例では，23/4=5.75で，各データ区間の右
  端は，最小値に次々とこのデータ区間幅を足していったものになっている。

2.4.4　相関ツール

データが2系列以上ある場合は，変数間に直線的な関係がないかを見極める。これを**相関分
析**といい，統計的な予測（特に回帰分析）のための予備的処理となる。

[**例題2.11**]　成績データ処理（その3）

(**操作1**)［**相関**］ツールの実行

① ［データ分析］ダイアログボックスで，［**相関**］をクリックする。

② ［**相関**］ダイアログボックスが開くので，必要事項を入力し［OK］をクリックする。

③ 系列のすべての組み合わせに対し，**相関係数表**が出力される（**相関係数行列**ともいう）。

図2.2.23　［相関］ダイアログボックス

④ 相関係数を評価する。

➢ 英語と国語の成績の相関係数は，0.891371で強い正の相関があると考えられる。

	Q	R	S
●相関係数表			
	英語	国語	
英語	1		
国語	0.891371	1	

図2.2.24　相関係数表

【注意】相関係数の捉え方

いくつ以上なら相関があるといえるかについては，分野によってもまたそのときの状況によっても異なり，一通りには決められない。ただし，おおよその目安としては，相関係数の絶対値が0.8以上なら強い相関があり，0.4前後あれば弱いが相関があるなどとする。

(操作2)散布図の描画

英語と国語の成績には強い正の相関が認められたので，この2変数で**散布図**を描画してみる。

① セル範囲［C3:D21］をドラッグし，領域指定する。

② ［挿入］タブから［グラフ］グループの［散布図（X,Y）またはバブルチャートの挿入］をクリックし，［散布図］をクリックすると散布図の暫定版が表示される。

③ ［グラフツール］の［デザイン］タブから，［グラフ要素を追加］をクリックする。

➢ ［軸ラベル］から［第1横軸］と［第1縦軸］をクリックし，それぞれのラベルを設置する。

➢ ［グラフタイトル］をクリックし，タイトルを変更する。

④ 項目軸目盛りラベルを選択し，右クリックし，［軸の書式設定］をクリックする。軸のオプションで，境界値の最小値を「20」に変更する。

⑤ 数値軸目盛りラベルを選択し，右クリックし，［軸の書式設定］をクリックする。軸のオプションで，境界値の最小値を「20」に変更する。

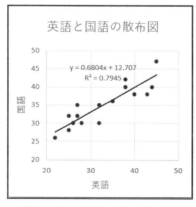

図2.2.25　英語と国語の散布図

【注意】散布図では，自動的にシート上で左側の列が項目軸，右側の列が数値軸に設定されるので，関係の順序を変更したいときは，表を別の場所にコピーした上で（値を貼り付け），列の

入れ替えをする必要がある。グラフツールの［デザイン］から［データの選択］ダイアログボックスを開いて変更するのは面倒が多い。

（操作 3）近似曲線の追加と結果の評価

① グラフエリアをクリックし，［グラフツール］の［デザイン］から［グラフ要素を追加］をクリックし，［近似曲線］をクリックし，［その他の近似曲線オプション］をクリックする。

② ［近似曲線の書式設定］ウィンドウで，［線形近似］を選択し，［グラフに数式を表示する］をチェックし，［グラフに R-2 乗値を表示する］をチェックする。

③ 散布図と追加のオブジェクトについて，結果を評価する。

> **相関分析**：英語と国語の相関係数は約 0.89 で，強い正の相関があると認められる。

> **回帰分析**：広告費を x（**説明変数**），売上高を y（**目的変数**）として，y を x の 1 次式で表したい。その結果が，グラフに追加された数式（**回帰式**）であり，説明変数で目的変数がどの程度説明できているかを示す値が **R-2 乗値**（**寄与率**）である。この例では，回帰式が $y=0.6804x+12.707$，寄与率 79.5% という結果である。なお，より厳密な分析は，分析ツールの［回帰分析］で行うとよい。

【注意】互いに相関の強い系列が見つかっても，単なる偶然かもしれない。因果関係を考える意味があるか文脈に照らして吟味する必要がある。意味があるとなれば，回帰分析へ移る。

【演習問題 2.4】

1. 例題 2.9 にならって，「国語」の成績データに対しても，基本統計量，度数分布表，ヒストグラムを導出せよ。

2. 例題 2.10 の【注意】に「18 の平方根の整数部分で 4 となる」との記載がある。これを，ROUNDDOWN 関数を使って，実際に計算して確かめよ。

3. 次の 3 系列からなるデータに対し，成績データ処理のその 1 ～その 3 を実施せよ。なお，分析する前に，横向きの表を，TRANSPOSE 関数を使って縦向きの表（行と列を入れ替えること）に置き換えよ。

	A	B	C	D	E	F	G	H	I	J	K	L	M	N	O	P	Q	R	S
1	新入社員のIT研修における成績																		
2																	（満点：50点）		
3	No.	1	2	3	4	5	6	7	8	9	10	11	12	13	14	15	16	17	18
4	ネットワーク	42	42	48	36	42	36	48	42	42	48	42	50	42	48	48	48	42	36
5	データベース	30	36	36	33	33	36	33	36	33	33	36	30	33	36	36	33	33	33
6	セキュリティ	28	25	30	25	25	30	25	30	25	25	30	20	25	30	30	25	25	25
7	情報倫理	35	36	39	28	35	28	37	36	36	38	36	32	33	38	36	39	35	31

2.5 アンケート集計

2.5.1 カテゴリカルデータの処理

性別，好み，人名などのように，数値の大小で表せないデータのことを**質的データ**という。また，その質の違いに応じて分類されたデータのことを**カテゴリカルデータ**という。ここでは，アンケートによって2系列以上のカテゴリカルデータを入手した場合の処理を考えよう。

[**例題 2.12**] 次表は，県立科学博物館の夏期講習会に参加した中学生へ行ったアンケートの結果である。講習会では，各自にタブレット1台を配布し，デジタル教材を使用しながら生物進化について学習した。また，その下の表は質問項目ごとの選択肢の一覧表である。

	A	B	C	D	E	F	G
1	\multicolumn{7}{c}{**講習会に関するアンケート**}
2	\multicolumn{7}{c}{～タブレットとデジタル教材の満足度調査～}
3	No.	性別	学年	情報源	タブレット	デジタル教材	全般的
4	1	1	1	1	1	2	4
5	2	2	3	2	2	4	5
6	3	2	2	2	3	2	2
7	4	1	2	1	1	1	1
8	5	1	3	1	1	3	4
9	6	2	1	1	2	4	2
10	7	1	3	1	2	2	3
11	8	1	2	2	3	1	1
12	9	1	1	2	1	1	2
13	10	2	1	2	4	2	1
14	11	1	2	3	1	3	3
15	12	1	2	3	4	3	2
16	13	2	3	4	3	2	3
17	14	1	3	4	4	2	1
18	15	2	1	1	5	1	1
19	16	2	2	1	4	5	4
20	17	1	1	2	2	1	1
21	18	1	1	3	3	2	2
22	19	2	1	4	3	1	2
23	20	1	2	5	1	2	1

図 2.2.26　タブレットとデジタル教材に関するアンケート結果

	A	B	C	D	E	F
1	\multicolumn{6}{c}{**質問項目ごとの選択肢の一覧表**}
2	回答番号 / 質問項目	1	2	3	4	5
3	性別	男子	女子	-	-	-
4	学年	1年生	2年生	3年生	-	-
5	情報源	Web	友の会	友人	家族	学校
6	タブレット	満足	やや満足	普通	やや不満	不満
7	デジタル教材	満足	やや満足	普通	やや不満	不満
8	全般的	満足	やや満足	普通	やや不満	不満

図 2.2.27　質問項目ごとの選択肢の一覧表

(操作 1) ピボットテーブルの挿入 (単純集計用)

① [挿入] タブから [**ピボットテーブル**] グループの [ピボットテーブル] をクリックする。

② [ピボットテーブルの作成] ダイアログボックスで，以下を入力し [OK] をクリックする。

> ➤ データ領域を，見出しも含めて範囲指定する。「No.」の系列も含む。

> ➤ ピボットテーブルの設置場所に「新規ワークシート」を選ぶ。

③ 新規ワークシートが開き，左端にピボットテーブルの設置枠が，右端に [ピボットテーブルのフィールドリスト] ウィンドウが開く。

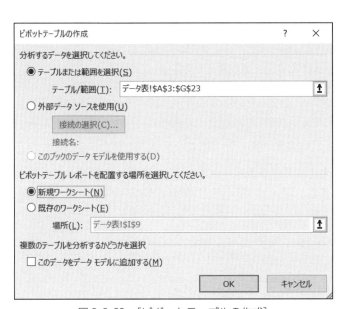

図 2.2.28 ［ピボットテーブルの作成］

図 2.2.29 ［ピボットテーブルのフィールドリスト］

(操作 2) フィールドごとの単純集計 (「学年」フィールドを例にして)

① [ピボットテーブルのフィールドリスト] ウィンドウ内で，[学年] フィールドを下方にドラッグし，[行] ボックスの上でドロップする。

② 同じく，[No.] フィールドを下方にドラッグし，[値] ボックスの上でドロップする。

③ ワークシートの左端にピボットテーブルが作成される。しかし，表の値は No. フィールドのデータの合計になっているので，[ピボットテーブルのフィールドリスト] ウィンドウの [値] ボックスの「合計／No.」の右端の下向き黒三角をクリックし，[値フィールドの設定] をクリックする。

④ [値フィールドの設定] ダイアログボックスが開くので，[集計方法] タブで [個数] を選択し，[OK] をクリックすると，ピボットテーブルの値が [個数／No.] となる。

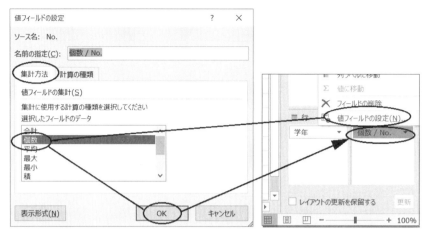

図 2.2.30　集計方法の変更

⑤ ピボットテーブルをクリックすると，リボンに［ピボットテーブルツール］が表示される
ので，［分析］タブから［ツール］グループの［ピボットグラフ］をクリックする。

⑥ ［グラフの挿入］ダイアログボックスが開き，［集合縦棒］グラフが表示されるので［OK］
をクリックすると，ピボットテーブルの右側に［学年］フィールドの**単純集計**の結果が縦
棒グラフ（暫定版）で表示される。

⑦ ピボットテーブルの行ラベルの選択肢番号 1 ～ 3 をそれぞれ実際の内容「1 年」～「3 年」
に変更する。（[F2] キーでセル内容の編集モードにできる。また，セル幅も変更する。）すると，
グラフの項目軸目盛りラベルにも反映される。

⑧ ［ピボットグラフツール］の［デザイン］タブから［グラフのレイアウト］グループの［グ
ラフ要素を追加］をクリックし，各要素を追加あるいは編集する。

➤ 第 1 横軸のラベルを「選択肢」に，第 1 縦軸のラベルを「個数（人）」に設定する。

➤ グラフタイトルを「学年」に変更する。

➤ データラベルを「外側」に設定する。

➤ 凡例を「なし」に変更する。

⑨ ［集合縦棒］グラフの位置と大きさを調節した後に次を設定する。

➤ プロットエリアで右クリックし，［プロットエリアの書式設定］をクリックし，［プロッ
トエリアの書式設定］ウィンドウで，［塗りつぶし］で［枠線］を［線（色)］で［黒色］に，
［効果］で［影］を［右下］に設定する。

➤ グラフエリアで右クリックし，［グラフエリアの書式設定］をクリックし，［グラフエリ
アの書式設定］ウィンドウで，［塗りつぶしと線］で［枠線］を［線（色)］で［黒色］に，
［効果］で［影］を［右下］に設定する。

➤ 棒グラフの要素（棒）の上で右クリックし，［データ系列の書式設定］をクリックし，［デー

タ系列の書式設定］ウィンドウで，［塗りつぶしと線］から［塗りつぶし］の［塗りつぶし（パターン）］で，［パターン］を［点線：25%］，［前景］を［黒色］に，［枠線］で［線（色）］を［黒色］に，［効果］で［影］を［右下］に設定する。

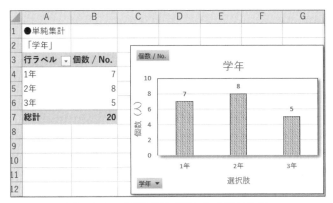

図2.2.31　質問項目「学年」の単純集計

⑩　結果の評価

> 2年生がトップで8人，次いで1年生がほぼ同数の7人。

> 3年生は5人で4分の1を占める。3分の1に満たない。

> 1，2年生で全体の4分の3を占めている。

【注意】ピボットテーブルは，［ピボットテーブルのフィールドリスト］ウィンドウで，フィールドのチェックをはずせば元通り空にできるので，別のフィールド（質問項目）の単純集計にそのまま移行できる。ただし，作成済みの表とグラフは別のシートに移動し，値の参照が起こらない形（［値］をコピー）で保存しておくとよい。

(操作3) ピボットテーブルの挿入とクロス集計（「学年」と「選択理由」を例に）

① 操作1と同様に，新規ワークシートにピボットテーブルを挿入する。

② ［ピボットテーブルのフィールドリスト］ウィンドウ内で，［学年］フィールドを下方にドラッグし，［行］ボックスの上でドロップする。

③ 同じく，［全般的］フィールドを下方にドラッグし，［列］ボックスの上でドロップする。

④ 同じく，［No.］フィールドを下方にドラッグし，［値］ボックスの上でドロップする。

⑤ ワークシートの左端にピボットテーブルが作成されるが，値はNo.フィールドのデータの合計になっているので，［ピボットテーブルのフィールドリスト］ウィンドウの［値］ボックスの「合計／No.」の右端の下向き黒三角をクリックし，［値フィールドの設定］をクリックし，［値フィールドの設定］ダイアログボックスで，［集計方法］タブで［個数］を選択し，［OK］をクリックすると，ピボットテーブルの値が［個数／No.］となる。

⑥ ピボットテーブルをクリックすると，リボンに［ピボットテーブルツール］が表示される

ので，［分析］タブから［ツール］グループの［ピボットグラフ］をクリックする。

⑦ ［グラフの挿入］ダイアログボックスが開き，［縦棒］の中の［集合縦棒］グラフが表示されるので［OK］をクリックすると，ピボットテーブルの右側に，**クロス集計**の結果が縦棒グラフ（暫定版）として表示される。

⑧ 同じく，ピボットテーブルをクリックし直し，［ピボットテーブルツール］の［分析］，［ツール］とたどり［ピボットグラフ］をクリックし，［グラフの挿入］ダイアログボックスで，［縦棒］の中から［**3-D 縦棒**］グラフを選択し［OK］をクリックし，表示させる。

⑨ ピボットテーブルの行ラベルの選択肢番号1〜3をそれぞれ「1年」〜「3年」に変更し，列ラベルの選択肢番号1〜5をそれぞれ「満足」〜［不満］に変更する。すると，グラフの各軸の目盛りラベルにも反映される。

⑩ 集合縦棒グラフで，［ピボットグラフツール］の［デザイン］タブから［グラフのレイアウト］グループの［グラフ要素を追加］をクリックし，各要素を追加あるいは編集する。

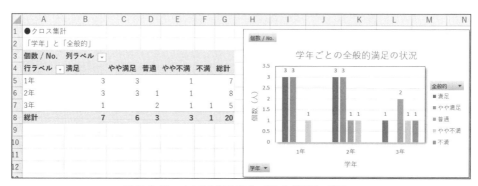

図 2.2.32　クロス集計表と［集合縦棒］グラフ

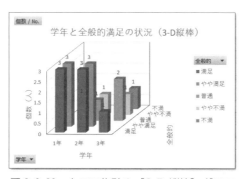

図 2.2.33　クロス集計の［3-D 縦棒］グラフ

⑪ 3-D 縦棒グラフでも，同様にグラフの各要素を編集する。特に，プロットエリアは，背壁と側壁と床面の3つで構成されるので，それぞれの書式設定で［枠線］を設定すること。

⑫ 結果の評価

> 「満足」と「やや満足」と回答した人数の合計は，1 年生が 7 人中 6 人，2 年生が 8 人中 6 人で，いずれも高い回答率となっている。

> 3 年生は，5 人中 1 人と低くなっている。

> 3 年生は，5 人中 2 人が「普通」と回答している。また，「やや不満」と「不満」の合計が 2 人で，全般的に満足の度合いは低いと考えられる。

【注意】3-D 縦棒グラフは，クロス集計のグラフ表示においてメインで利用される。しかし，データの分布状況について特徴を見極めるには，集合縦棒も便利であるので，両方のグラフを描画し，並べておくとよい。

【参考】質問項目のうち，「性別」，「学年」，「情報源」（この講習会をどこで知りましたか？）の 3 つは，各回答者の属性を問うていると考えられる。このような質問項目のことを一般に「フェイス質問項目」と呼ぶ。フェイス質問項目は，通常，アンケートの前半に置かれテーマに沿った主となる質問項目群と区別される。また，フェイス質問項目と主たる質問項目を組み合わせてクロス集計を行うと，分析もしやすくなる。

【演習問題 2.5】

1. 例題 2.12 の「講習会のアンケート」データについて，次の各問に答えよ。

    (1)「学年」以外のフィールドについても，単純集計を実施し，結果を評価せよ。

    (2) データ表に対し，分析ツールの「相関」を使って相関係数表を作成し，相関のある程度高いと考えられる 2 つの質問項目の組み合わせを割り出し，それらの組み合わせについてもクロス集計を実施し，結果を評価せよ。

2. 例題 2.12 のデータでは，1 年で「やや不満」の回答が 1 件であるが，図 2.2.30 のグラフではその棒が隠れて見えない。視点を変えるなどの方法により見えるようにせよ。

【参考文献】

久米均『統計解析への出発』（シリーズ入門統計的方法 1）岩波書店，1989
師啓二・樋口和彦・舩田眞里子・黒澤和人『これからの情報科学』学文社，2018
コンピュータリテラシー研究会（編）『基礎データ分析』サンウェイ出版，2011

2.6 データベース的利用法
2.6.1 リストを使った処理

Excel はデータベース専用ソフトではないが,「表」を取り扱うことから,データベースに関する基本的な考え方や処理方法は共通している。本節では,Excel のデータベース的な利用法について実習することにする。まずは用語の整理から始めよう。

- **リスト**:データを表の形で記録したセル範囲をリストと呼ぶ。Excel のデータベース機能は,このリスト形式のデータを対象としている。(例:図2.2.31 のセル範囲 A3:H15)
- **レコード**:リスト上の各行をレコードと呼ぶ。図2.2.31 の例では,ひとつの学習指導案が1件分のレコードに対応しており,全部で12レコードが登録されている。
- **フィールド**:リスト上の各列をフィールドと呼ぶ。フィールドは,レコードを構成する項目のことである。図2.2.31 の例では,No., ファイル名, 学年, 教科, 単元名, 担当者, 期日, ページ数の8つのフィールドで1レコードが構成されている。

No.	ファイル名	学年	教科	単元名	担当者	期日	ページ数
\multicolumn{8}{c}{2020年度　学習指導案}							
							かもめ学院中学校
1	KMC2A001	2	国語	論理をとらえる	秋山恵子	2020/4/14	7
2	KMC1B001	1	社会	世界の諸地域	加山幸恵	2020/4/17	8
3	KMC1C001	1	数学	比例と反比例	佐川太一	2020/5/25	6
4	KMC2C002	2	数学	平行と合同	田中信夫	2020/6/6	7
5	KMC3A002	3	国語	私の読書論	中野博司	2020/6/8	7
6	KMC1D001	1	理科	大地の変化	葉山真美	2020/7/11	6
7	KMC2D002	2	理科	電流の性質	真壁弥生	2020/7/12	8
8	KMC2E001	2	英語	受動態(受け身)	佐川一郎	2020/9/1	5
9	KMC2F001	2	保健体育	身体とダンス	外山浩子	2020/10/23	6
10	KMC2I001	2	美術	ポスターの表現	幸田修二	2020/11/13	5
11	KMC1H001	1	音楽	合唱の楽しみ	谷島花音	2021/2/4	6
12	KMC3G001	3	技術家庭	情報の技術	田沢直人	2021/3/12	7

図2.2.34　リストの例(セル範囲 A3:H15)

2.6.2 データの抽出

検索条件を指定して,リストの中から必要なレコードだけを取り出すことを**抽出**という。Excel では,**オートフィルタ**機能を利用すれば,抽出処理を対話的に進めることができる。

[例題 2.13] 図2.2.31 のリストから,学年が1年生であるレコードを抽出せよ。

(操作1)オートフィルタの起動

① 領域[A3:H15]をドラッグし,[データ]タブから[フィルター]ボタンをクリックする。
② 各フィールド見出しに**オートフィルタボタン**が表示される。
③ オートフィルタボタンを消去するには,もう一度[フィルター]をクリックすればよい。

図2.2.35　オートフィルタの起動

（操作2）抽出条件の指定と結果の表示

① ［学年］フィールドのオートフィルタボタンをクリックすると，［オートフィルタ］リスト
ボックスが表示されるので，［数値フィルター］をポイントする（図2.2.33）。

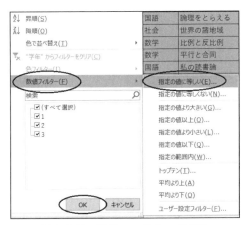

図2.2.36　数値フィルターの起動

② 右側にサブメニューが開くので，［指定の値に等しい］をクリックする。

③ ダイアログボックスが開くので，［学年］入力ボックスに「1」と入力し，右隣りのコンボ
ボックスで［と等しい］となっていることを確認する（図2.2.34）。

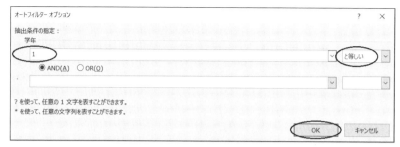

図 2.2.37　抽出条件の指定

④ ［OK］ボタンをクリックすると，抽出条件 (「1 と等しい」) に合致したフィールドデータを含むレコードだけが表示される。

⑤ 条件の指定に使用したフィールドのオートフィルタボタンと，抽出されたレコードの行番号は青色で表示される。これにより，処理済みのリストであることがわかる (図 2.2.35)。

⑥ リストを元の状態に戻すには，［オートフィルタ］リストボックスの［すべて選択］にチェックを付け ［OK］ をクリックする。

▲	A	B	C	D	E	F	G	H
1					2020年度　学習指導案			
2								かもめ学院中学校
3	N	ファイル	学	教科	単元名	担当者	期日	ページ
5	2	KMC1B001	1	社会	世界の諸地域	加山幸恵	2020/4/17	8
6	3	KMC1C001	1	数学	比例と反比例	佐川太一	2020/5/25	6
9	6	KMC1D001	1	理科	大地の変化	葉山真美	2020/7/11	6
14	11	KMC1H001	1	音楽	合唱の楽しみ	谷島花音	2021/2/4	6

図 2.2.38　抽出結果

【注意】オートフィルタオプションの機能

- 学年の値が 1 年であるレコードを抽出するのに，条件として［指定の値に等しい］を使わなければならないということはない。［数値フィルター］から，［指定の値より小さい］や［指定の値以下］を指定してももちろんよく，利用者に任されている。
- ［数値フィルター］から［トップテン］を指定すると，上位 10 件を抽出できる (図 2.2.33 参照)。
- フィールドのデータが数値データであれば，Excel はそれを自動認識して**数値フィルター**が起動する。
- フィールドのデータがテキストデータであれば，**テキストフィルター**が起動する。
- 検索条件を 2 つ入力し，それらの AND (論理積) や OR (論理和) を指定することもできる (図 2.2.34 参照)。
- ひとつの抽出結果に対し，さらに抽出を繰り返すことができる。これを**絞り込み検索**という。

［**例題 2.14**］　図 2.2.34 のリストから，担当者名に「田」の字の付くレコードを抽出せよ。

（操作）抽出条件の指定と結果の表示

⑦ ［担当者］フィールドのオートフィルタボタンをクリックし，［オートフィルタ］リストボックスから［テキストフィルター］をポイントし，［指定の値に等しい］をクリックする。

⑧ ［オートフィルタオプション］ダイアログボックスが開くので，［顧客名］入力ボックスに検索文字列「＊田＊」を入力し，右隣りのボックスで「と等しい」となっていることを確認する（図2.2.39）。

⑨ ［OK］ボタンをクリックすると，抽出結果が表示される（図2.2.37）。

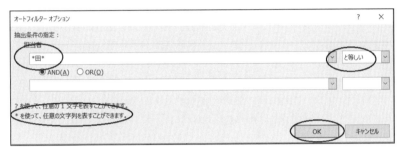

図2.2.39　抽出条件の指定

図2.2.40　抽出結果

【注意】

- ＊（アスタリスク）は，抽出条件の文字列上で使うと，それ1個で任意の文字列を表すようになる。このように特別の意味で使われる文字を，一般に**ワイルドカード文字**という。
- Excelで使えるワイルドカード文字には，＊の他に任意の1文字を表す？がある。
- また，～（チルダ：上付きの～）もワイルドカード文字で，これを＊，？，～の前に入力すると，＊，？，～をそれぞれ通常の文字として認識するようになる。
- ワイルドカード文字は，必ず半角で入力しなければならない。
- 例題2.14では，抽出条件を「田」を「含む」と指定すれば，ワイルドカードを使用せずに，同様の結果を得ることができる。

2.6.3　データの並べ替え（ソート）

リスト上のレコードを，一定の基準を指定して並べ替えることができる。これを，**ソート**と

もいう。並べ替えにおける一定の基準とは，フィールドの値に対して何らかの条件，たとえば日付や数量の大小順などを指定することである。

このとき，基準の適用先となるフィールドのことを**キー**といい，そのうち最も優先されるキーを**1次キー**，2番目に優先されるキーを**2次キー**，以下同様に3次キー，4次キー，……という。Excelでは，3次キーまで指定することができる。

また，レコードをキーの小さい順に並べることを**昇順ソート**または**正順ソート**といい，レコードをキーの大きい順に並べることを**降順ソート**または**逆順ソート**という。

[**例題2.15**] 図2.2.31のリストに対して，学年を1次キーとして昇順で，期日を2次キーとして昇順で，並べ替えを行え。オートフィルタ機能は解除しておくこと。

(操作1) セル範囲の指定

① 領域［A3：H15］をドラッグし，［データ］メニューから［並べ替え］をクリックする。

② リスト全体が選択状態になり，同時に［並べ替え］ダイアログボックスが表示される。

③ ［先頭行をデータの見出しとして使用する］にチェックが付いていることを確認する。

(操作2) キーの指定

① ［並べ替え］ダイアログボックスにおいて，［最優先されるキー］ボックスに「学年」を指定し，［並べ替えのキー］ボックスで［小さい順］を選ぶ。

② ［2番目に優先されるキー］を指定するために，［レベルの追加］をクリックする。すると［次に優先されるキー］ボックスが追加されるので，「期日」を指定し，［順序］は［古い順］を指定し，［OK］をクリックする。

③ ［OK］をクリックすると，レコードが並べ替えられ，リストが変更される（図2.2.39）。

④ リストを元に戻すには，［No.］を1次キーにして，［昇順］で並べ替えを実行する。

図2.2.41　キーの指定

	A	B	C	D	E	F	G	H
1	2020年度　学習指導案							
2								かもめ学院中学校
3	No.	ファイル名	学年	教科	単元名	担当者	期日	ページ数
4	2	KMC1B001	1	社会	世界の諸地域	加山幸恵	2020/4/17	8
5	3	KMC1C001	1	数学	比例と反比例	佐川太一	2020/5/25	6
6	6	KMC1D001	1	理科	大地の変化	葉山真美	2020/7/11	6
7	11	KMC1H001	1	音楽	合唱の楽しみ	谷島花音	2021/2/4	6
8	1	KMC2A001	2	国語	論理をとらえる	秋山恵子	2020/4/14	7
9	4	KMC2C002	2	数学	平行と合同	田中信夫	2020/6/6	7
10	7	KMC2D002	2	理科	電流の性質	真壁弥生	2020/7/12	8
11	8	KMC2E001	2	英語	受動態（受け身）	佐川一郎	2020/9/1	5
12	9	KMC2F001	2	保健体育	身体とダンス	外山浩子	2020/10/23	6
13	10	KMC2I001	2	美術	ポスターの表現	幸田修二	2020/11/13	5
14	5	KMC3A002	3	国語	私の読書論	中野博司	2020/6/8	7
15	12	KMC3G001	3	技術家庭	情報の技術	田沢直人	2021/3/12	7

図 2.2.42　並べ替えの結果

【注意】

- 並べ替えでは，オートフィルタボタンも行番号ボタンも青色表示されない代わりに，オートフィルタボタンの右隣に，小さく降順か昇順かで，上向きか下向きかの矢印が付く。
- データの並べ替えは，オートフィルタボタンを表示していない状態でも実行できる。
- 表の最下行に「合計」などの特別の行が付いていると，これもソート対象になってしまうので，そのときはリストのセル範囲を手動で（マウスでドラッグして）指定する。
- 並べ替えに失敗した場合は，［編集］メニューから［元に戻す］をクリックする。しかし，安全のためには，リストはあらかじめ別シートにコピーしておくか，レコードに通し番号をつけておくなどの対策が必要である。上記の場合，［No.］フィールドがそれに利用できる。

【演習問題 2.6】

1. 図 2.2.34 のリストに対して，次の処理を実行せよ。
   (1) 学年が 2 以上の条件を満たすレコードを抽出せよ。
   (2) 学年が 3 かつ期日が 2020 年の条件を満たすレコードを抽出せよ。
   (3) 教科が「数学」の指導案でページ数が 6 以下であるレコードを抽出せよ。
   (4) 教科が「英語」と「国語」のレコードを除き，さらに学年に関して降順に並べ替えたレコードのリストを作成せよ。また，そのリストに関して総ページ数を求めよ。
   (5) Excel の「置換」機能を使って，単元名「電流の性質」を「電圧の性質」に置換せよ。
   （ヒント：［ホーム］タブの［編集］グループから［置換］を実行せよ。）

2. 図 2.2.43 の「1 月度の売上表」のリストを Excel に入力し，以下の処理を実行せよ。
   (1) 売上高が 30,000 円以上の伝票を抽出せよ。

（2）日付が 1 月 4 日以降で，売上高が 25,000 円以上の伝票を抽出せよ。

（3）1 次キーを売上高で降順，2 次キーを商品コードで昇順にして並べ替えよ。

（4）Lookup 関数は，「=LOOKUP（検査値 , 検査範囲 , 対応範囲）」の形式で使用し，検査値に指定された値以下で最大の値を検査範囲から探し，対応範囲の中の並び順がその値になるセルの内容を答えとして出力するものである。さて，下図で，セル A15 に 7 が入っており，F15 セルには式「=lookup（A15,A3:A12,F3:F12）」が入力され，14000 が結果として表示されている。これをヒントに，セル A15 に好きな伝票番号を入力すれば，表を見ずして，その伝票の日付，商品コード，…，担当者コードを即座に応えてくれる仕組みを領域 B14:G15 に実現せよ。ただし，日付では，セルの書式設定が必要。

	A	B	C	D	E	F	G
1	1月度　売上表						
2	伝票No.	日付	商品コード	顧客コード	数量	売上高	担当者コード
3	1	2021/1/1	P01	C05	7	28000	M03
4	2	2021/1/1	A02	C05	6	24000	M03
5	3	2021/1/2	D01	C02	2	20000	M01
6	4	2021/1/3	D05	C12	3	15000	M01
7	5	2021/1/3	B52	C01	9	54000	M01
8	6	2021/1/4	F01	C08	8	32000	M03
9	7	2021/1/5	G02	C10	7	14000	M05
10	8	2021/1/5	A02	C12	7	28000	M05
11	9	2021/1/5	B52	C05	6	36000	M03
12	10	2021/1/6	P03	C07	2	24000	M01
13							
14	伝票番号					売上高	
15	7					14000	
16							
17							
18							

=LOOKUP(A15,A3:A12,F3:F12)

図 2.2.43　1 月度の売上表

【参考文献】

M. Dodge, C. Stinson 著，小川晃夫訳『Microsoft Excel 2000　オフィシャルマニュアル』日経 BP ソフトプレス，1999

師啓二・樋口和彦・舩田眞里子・黒澤和人『現代の情報科学』学文社，2010

師啓二・樋口和彦・舩田眞里子・黒澤和人『これからの情報科学』学文社，2018

第3章 プレゼンテーション

　プレゼンテーションとは，伝えたい内容をわかりやすく表現し，人々の前に提示し，理解と同意を得ることである。本章では，そのようなプレゼンテーションのうち，PowerPoint を活用した口頭発表を取り上げ，実習することにする。

3.1 プレゼンテーションの概要

3.1.1 課題の確認

　プレゼンテーションを成功に導く第一歩は，それがどのような課題や使命によるものかをはっきりさせることである。これは，表 2.3.1 に示す 5W2H の確認に他ならない。

表 2.3.1　事前の確認事項

項目（意味）	具体的な確認事項
Why（なぜ）	主催者（依頼者）の意図・目的
Who（誰に）	聞き手：年齢，職業，興味・関心，予備知識
What（何を）	テーマ（主題）：伝えたいこと，話のポイント
When（いつ）	日時：発表時刻，スケジュール
Where（どこで）	会場：場所，広さ，演壇や座席の配置
How（どのように）	方法：AV 機器の状況，資料の活用，聴衆の活動
How long/many/much（どのくらい）	時間配分，聴衆の人数，配布物の量

3.1.2 計画の立案

　目標を立て，その達成のために，どんな話題（トピック）をどのように組んで全体を構成するかを考える。つまり，計画の立案とは，時間配分とともに次を決定することである。
- タイトル（演題）と目標：Why（なぜ）と Who（誰に）と What（何を）から決める。
- 導入：会場をなごますためやテーマを意識させるために，最初にとる方法を決める。
- 展開：複数の話題を準備し，関連付けてひとつのストーリーに仕立てる。

3.1.3 資料の収集と分析

　話題は具体的でなければならない。そのために，資料（データや情報）をあらかじめ入手しておく必要がある。資料は大きく次の2つに分類される。
- 1次資料：実験，観察，アンケート，インタビューなどを自ら実施して手に入れた調査結果

のことである。いつどこでどのような方法で得たかの記録（メタ情報）も重要である。

- 2次資料：自分以外の個人や組織が調査して得た資料のことである。新聞，雑誌，書籍，インターネットなどから入手する。出典を明示すれば自由に利用できる。ただし，資料のコピー＆ペーストは許されない。データなら Excel に入力し，表やグラフを自作すること。画像情報ならリンクで代用し，テキスト情報なら引用や要約という方法をとる。

3.1.4　資料のビジュアル化

スライドに載せる資料は，より印象強くするためにビジュアル化（視覚化）が必要である。資料のビジュアル化には次のような方法がある。

- 箇条書き：行頭記号を付けて項目を並べたもの。全体を分類整理し一覧するのに役立つ。各項目には，短文化，体言止め，長さの統一を行う。対句表現も効果的である。
- グラフ：統計データを，棒グラフ，折れ線グラフ，円グラフで表現する。
- 表：簡単な構造のデータであれば，表のままでも十分，内容は伝わる。
- 挿絵：ペイントで自作する他に，著作権フリーのイラストをネットから入手する手もある。
- 図解表現：ものの構造や関係など，抽象的な内容を図的に表現する方法の総称。

3.1.5　プレゼンテーションファイルの作成

ビジュアル化した資料を各スライドに貼り付け，全体をひとつのプレゼンテーションファイルとして保存することがここでの作業内容である。

3.1.6　リハーサル

想定される質問への対応，配布資料の準備，代替資料の確認，セリフの確認，最適時間の導出などがここでの主な作業である。PowerPoint のリハーサル機能も利用するとよい。

3.1.7　プレゼンテーションの実際

発表の本番のことである。事前に，資料の配布と，評価アンケートへの回答依頼を行う。全体は，三段構成法（導入，展開，まとめの3つからなる）を入れ子にして組む。

3.1.8　事後処理

参加者へのサービスの一環として，資料を Web へアップロードすることもある。また，アンケート結果を集計し，自己評価を行い次回に役立てることも重要である。

3.2　プレゼンテーションの実際

プレゼンテーションの準備から発表，事後処理までを実習してみよう。

［例題］　5G（モバイル通信の第5世代）の到来によって教育の内容と方法も様変わりすることが予想される。そこで，5Gの概要と教育への影響について考察し，その結果をプレゼンテーションしてみよう。時間は12〜15分，スライド5枚を用いることとする。

（操作1）課題の確認

今回の課題の内容を，確認表にまとめると次の通りである。

表2.3.2　事前の確認事項

項目（意味）	具体的な確認事項
When	6月7日（水）午後4時00分〜4時15分
Where	会議室，円形テーブル，議長席，モニタは司会者の後方に中型スクリーンと，机上に2人に1台モニタあり。
Who	20代〜30代の教員10人。通信技術の知識はない。
What	5Gの概要と教育の将来。
Why	5Gは社会の趨勢であり，興味・関心が高い。
How	ノートブックPCとプロジェクタ使用可。
How long/many/much	発表時間：15分。

（操作2）計画の立案

- テーマ：モバイル（移動体）通信方式の変遷，5Gとは何か，5Gで教育はどう変わるかの3点を整理する。
- タイトル：「5G時代に向けた教育の取り組み」
- 目標：4G以前との違いが理解できる。
- 導入：携帯電話とスマートフォンの違いを質問してみる。
- 展開：「1G〜4Gの変遷」，「5Gとは？」，「何が変わるか？」を話題にする。

　表2.3.3は，以上をまとめた表で，一般に「プレゼンテーションのシナリオ設計書」と呼ばれる。授業でいえば，指導案に相当するものと考えてよい。

（操作3）資料の収集と分析

- モバイル通信の現状を表す2次資料を入手する。
- メディアに関する文献を入手し，メディアリテラシーの解釈を分類整理する。

（操作4）資料のビジュアル化

- 5Gとそれ以前の違いを図解表現する。
- モバイル通信の現状を表すデータをグラフ化する。
- メディアリテラシーの内容を箇条書きで分類整理する。

（操作5）プレゼンテーションファイルの作成

- ファイル名を「5G時代に向けた教育の取り組み.pptx」として保存する。
- 台詞は，スライドごとにノート部分に入力する。

  なお，各スライドの画面の例を，図2.3.1から図2.3.5に示しておく。いわゆる，基本となる5つのスライドのサンプルである。

表2.3.3　プレゼンテーションのシナリオ設計書

テーマ	モバイル（移動体）通信方式の変遷，5Gとは何か，5Gで教育はどう変わるかの3点を整理する。	
タイトル	5G時代に向けた教育の取り組み	（スライド1−表紙−）
はじめに（導入方法）	・今日の話の要点を紹介する。 ・テーマの紹介	（スライド1−表紙から継続−）

本題

トピック	説明	備考
モバイル（移動体）通信方式の変遷	(1) 第1世代（1G） (2) 第2世代（2G） (3) 第3世代（3G） (4) 第4世代（4G・LTE）	（スライド2） 日本語の問題
5Gとは何か？	5Gの概要を説明する。 ・標準化団体 ・ユースケース 等の整理	（スライド3） データ処理の問題
5Gで教育はどう変わるか？	将来展望 5Gが教育にどのような影響を与えるか，各自予測し，箇条書きでまとめる。 ワークシートに記載する。	（スライド4） 将来展望の実習課題処理
おわりに（結びの形）	・今日の話のまとめ ・参考文献の紹介	（スライド5）

5Gで教育はどう変わるか

教育学部　99990003　大行寺太郎

図2.3.1　トップスライド

モバイル（移動体）通信方式の変遷

モバイル技術のポイント＝多元接続（Multiple Access）
- 第1世代（1G）
  - 1980年代以降のアナログ時代
  - FDMA（Frequency Division MA：周波数分割多元接続）
- 第2世代（2G）
  - 1990年代以降のデジタル携帯電話時代
  - TDMA（Time Division MA：時分割多元接続）
- 第3世代（3G）
  - 2000年代以降の高速・大容量時代
  - CDMA（Code Division MA：符号分割多元接続）
- 第4世代（4G）
  - 2010年以降、モバイルWiMAXやLTEの時代
  - OFDMA（Orthogonal Frequency DMA：直交周波数分割多元接続）

図2.3.2　トピック1

5Gとは?

- 標準化団体
  - 3GPP（Third Generation Partnership Project）
    - 3G以来の標準化団体
  - ITU（International Telecommunication Union：国際電気通信連合）
- ユースケース（利用シナリオ）
  - 5GNR（New Radio）がまとめた要求条件
  - IMT-2020Vision（2015年策定開始、2020年実用化目標）
    - eMBB（高度化モバイルブロードバンド）
    - URLLC（超高信頼・低遅延通信）
    - mMTC（大規模マシンタイプ通信）

図2.3.3　トピック2

5Gで教育はどう変わるか？

5Gは、モバイルのためではない。つまり、4Gの延長ではない。
無線のみならず固定回線にも5Gを活用していく（統合化）。
- 5Gの特徴：アーキテクチャの大変革
  - 超高速・大容量：ミリ波（24GHzから上。現在40GHzまで）を使って、転送速度2Gbps～数20Gbps（4Gの20倍以上）を実現。
  - 低遅延：10ミリ秒（4G）を1ミリ秒以下に。VRや自動運転の実用化。
  - 多接続：最大10万台/km²（4G）を100万台に。IoTに対応。

→ 将来展望：ここに、5Gが教育にどのような影響を及ぼすかを各自予測して、それらを箇条書きでまとめなさい。

図2.3.4　トピック3

図2.3.5　まとめ

(操作6) リハーサル

　全体を通したリハーサルを3回以上実施し，スライドの提示時間をその平均値に設定する。

(操作7) プレゼンテーションの実際

　15分以内で発表する。配布資料は，印刷。

(操作8) 事後処理

　アンケート結果をレーダーチャートで表現し，不得意部分を抽出する。

表2.3.4　発表チェックシート

発　表　チ　ェ　ッ　ク　シ　ー　ト				
・評価は5段階でお願いします。 ・チェック項目ごとに，適すると思う番号1つに○を付けて下さい。　　発表日時:　　　年　　月　　日( )　: 発表場所: 発表者:				
チェック項目	5 (とても良い)	4 (良い)	3 (普通)	2 (やや悪い)	1 (悪い)
主題(話の核心)ははっきり示されたか	5	4	3	2	1
論理(ストーリー展開)は明確だったか	5	4	3	2	1
興味・関心をひく話題が提供されたか	5	4	3	2	1
会場や聞き手に注意を払っていたか	5	4	3	2	1
話し方や言葉づかいは適切だったか	5	4	3	2	1
具体的な事例やデータを用いていたか	5	4	3	2	1
図・表・グラフは理解に役立ったか	5	4	3	2	1
スライドは視覚的で見やすかったか	5	4	3	2	1
時間配分は妥当だったか	5	4	3	2	1
全体としての印象はどうだったか	5	4	3	2	1
その他特記事項(自由記述欄)				

チェック項目	1	2	3	4	5	6	7	8	9	10	11	12	13	14	15	16	17	18	19	20	21	22	23	24	平均
													発表チェックシート集計表												
													発表日時：	2020年6月7日（水）　午後4：00											
													発表場所：	本校舎501教室											
													発　表　者：	教育学部　99990003　白鷗太郎											
主題(話の核心)ははっきり示されたか	4	2	3	4	4	4	4	3	4	4	3	3	3	4	4	3	4	3	4	4	4	4	4	4	3.67
論理(ストーリー)展開は明確だったか	3	3	4	3	5	4	5	4	4	4	4	3	3	3	4	4	4	3	5	3	4	4	4	4	3.75
興味・関心をひく話題が提供されたか	3	3	2	4	4	3	3	3	3	3	3	3	4	3	3	3	3	3	4	3	3	3	3	3	3.13
会場や聞き手に注意を払っていたか	2	3	2	3	3	4	4	2	2	5	4	3	2	2	3	3	3	3	3	3	3	3	3	3	2.96
話し方や言葉づかいは適切だったか	3	3	3	2	4	3	4	3	3	4	4	3	3	5	4	4	4	3	4	3	4	5	4		3.54
具体的な事例やデータを用いていたか	4	3	3	4	4	3	4	4	3	3	3	3	3	3	3	4	4	3	4	4	3	5	4	3	3.50
図・表・グラフは理解に役立ったか	3	3	2	3	3	2	3	4	2	3	3	4	3	2	2	4	3	1	2	3	3	3			2.83
スライドは視覚的で見やすかったか	3	3	3	5	3	5	3	4	4	4	4	3	3	3	4	4	5	3	4	4	5	4	4		3.75
時間配分は妥当だったか	3	2	3	4	3	3	4	3	3	4	3	2	2	3	3	3	3	3	3	3	3	3			3.00
全体としての印象はどうだったか	3	3	4	4	4	3	4	4	3	4	3	4	3	3	3	4	3	4	4	4	4				3.50

図 2.3.6　アンケートの集計表

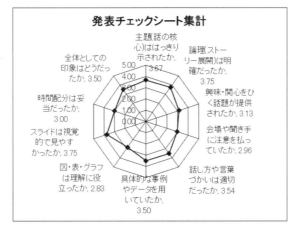

図 2.3.7　アンケート結果のレーダーチャート

章末問題

1. これまで作成したレポートを題材として，プレゼンテーションのスライドを作成し，発表のリハーサルを行ってみよ。

2. 例題で作成した「プレゼンテーションの確認シート」，「情報シート」および「ストーリーシート」を，それぞれWordテンプレートとして保存し，クラウドにアップロードせよ。

3. 例題で作成したプレゼンテーションファイルに対し，次の編集を施してみよ。
   (1) ビジュアル資料の追加：ビジュアル資料としては，挿絵，図解表現（抽象的な概念を図で表現したもの），表，グラフなどがある。事前準備で収集した資料やデータを独自の形式で図的に表現し，スライドに貼り付けると理解の助けになる。
   (2) アニメーションの追加：箇条書き表現で，各項目が画面の上下左右などから移動してきて，定位置で停止するようなものを設定してみよ。
   (3) ハイパーリンクの追加：スライド上の重要語句などに，インターネット上の資料のページへのリンクを設置し，表示をそれらのWebサイトに移動するようにしてみよ。

4. 次に示すテーマの中からひとつを選び，プレゼンテーションを企画し，事前準備から事後処理までの一通りを実施してみよ。なお，具体的な統計データ（出所の明らかなもの）を入手し，Excelの表あるいはグラフで表したものをひとつ以上含むこと。
   (1) 現代若者の職業意識
   (2) リーダーシップとは
   (3) 金融とITについて
   (4) ロボット技術の発展と人間の将来
   (5) 情報セキュリティの現状について

【参考文献】
実教出版企画開発部編『30時間でマスター プレゼンテーション + PowerPoint2016』実教出版，2016
師啓二・樋口和彦・舩田眞里子・黒澤和人『これからの情報科学』学文社，2018

第4章 データベースソフトの活用

　データベースとは，大量のデータを，再利用しやすいように形式を整えディスクに保存したものである。一方，このデータベースを作成・管理するソフトウェアが**データベース管理システム**（**DBMS**：Database Management System）である。データベースソフトといえば，通常この DBMS のことを指す。本章では，PC 用データベースソフト Access の基礎を学ぶ。

4.1　データベースソフトの基礎
4.1.1　リレーショナルデータベースの基礎
　データベースの方式で最も一般的なのが**リレーショナルデータベース**（**RDB**：Relational Database）である。RDB の特徴は，データをすべて**表**（**テーブル**）で管理し，表と表を関連付けて検索や新たな表の作成をするという点である。

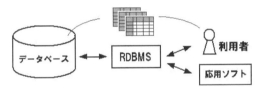

図 2.4.1　RDB と RDBMS

4.1.2　データベースの新規作成
　PC 用の RDBMS である Access では，データの載るテーブルを格納するための入れ物として，空のデータベースを作成することから始める。

[例題 4.1]　空のデータベース「指導案 .accdb」を作成しよう。

（操作）空のデータベースの作成

① Access を起動すると［スタート画面］
　　（左側が［最近使ったファイル］の一覧，
　　右側が［オンラインテンプレートの検索］
　　ボックスとテンプレート一覧）が開くの
　　で，右側の［空のデータベース］ボタ
　　ンをクリックする。

② 画面中央に［空のデータベース］ダイ

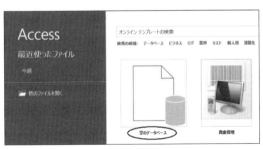

図 2.4.2　Access のスタート画面

アログボックスが開くので，［ファイル名］ボックスの右側の，フタの空いたフォルダアイコンをクリックする。

③ ［新しいデータベース］ダイアログボックスが開くので，ファイルの保存先を決め，ファイル名を，今回は「指導案」とし，ファイルの種類を［Microsoft Office Access2007-2016 データベース（＊.accdb）］と指定し，［OK］をクリックする。

④ ダイアログボックスに戻り，［ファイル名］ボックスにファイル名「指導案.accdb」が入り，その下に保存フォルダへのパスが表示されているので，［作成］をクリックする。

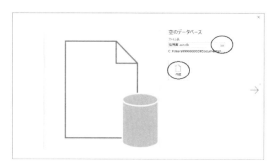

図2.4.3 ［空のデータベース］ダイアログボックス

⑤ データベースファイルがディスク上に作成されると同時に，データベースの編集画面が開き，リボン上部に［データベースツール］，その下に［フィールド］タブが開く。また，左下には，［すべての Access オブジェクト］ペインが開き「テーブル 1」が表示されている。右側のビューには，［テーブル 1］タブが開いている。しかし今回，テーブルは外部からインポートするのでこの［テーブル 1］は不要である。そこで，［テーブル 1］タブを右クリックし，［閉じる］をクリックして削除する。

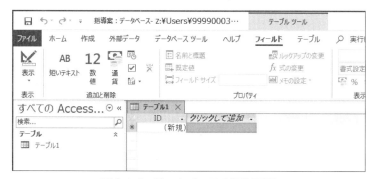

図2.4.4 データベースの編集画面

4.2 テーブルの操作

4.2.1 テーブルの新規作成

例題 4.1 において，テーブルを格納するための空のデータベースを作成したので，次はいよいよテーブルを登録していく段階である。

ところで，Excel に関する 2.6.1 項の「リストを使った処理」では，すべてのデータをひとつの大きな表で一括管理しており（図 2.2.31 参照），全体を見渡せてとても便利に思われたかもしれない。しかしここでは，データは複数の基本的な表に分割して管理し（これを表の**正規化**という），必要に応じてそれらを関連付けて新たな表を作るという逆の発想をとる。データベースはコンピュータ上に構築した仮想的な記号の世界であるから，「表の正規化」は，データの整合性を保ち，冗長性を排除した効率的な処理を進めるための基本である。

[**例題 4.2**] ［指導案］データベース上に，以下の 4 つのテーブルを作成しよう。

(1) 指導案ファイル一覧表

	A	B	C	D	E	F
1	No	ファイル名	単元コード	担当者コード	登録日	ページ数
2	1	KMC2A001	C001	T01	2020/4/14	7
3	2	KMC1B001	C002	T02	2020/4/17	8
4	3	KMC1C001	C003	T03	2020/5/25	6
5	4	KMC2C002	C004	T04	2020/6/6	7
6	5	KMC3A002	C005	T05	2020/6/8	7
7	6	KMC1D001	C006	T06	2020/7/11	6
8	7	KMC2D002	C007	T07	2020/7/12	8
9	8	KMC2E001	C008	T08	2020/9/1	5
10	9	KMC2F001	C009	T09	2020/10/23	6
11	10	KMC2I001	C010	T10	2020/11/13	5
12	11	KMC1H001	C011	T11	2021/2/4	6
13	12	KMC3G001	C012	T12	2021/3/12	7

(3) 教科コード表

	A	B
1	教科コード	教科名
2	A	国語
3	B	社会
4	C	数学
5	D	理科
6	E	英語
7	F	保健体育
8	G	技術家庭
9	H	音楽
10	I	美術

(2) 単元コード表

	A	B	C	D
1	単元コード	単元名	学年	教科コード
2	C001	論理をとらえる	2	A
3	C002	世界の諸地域	1	B
4	C003	比例と反比例	1	C
5	C004	平行と合同	2	C
6	C005	私の読書論	3	A
7	C006	大地の変化	1	D
8	C007	電流の性質	2	D
9	C008	受動態（受け身）	2	E
10	C009	身体とダンス	2	F
11	C010	ポスターの表現	2	I
12	C011	合唱の楽しみ	1	H
13	C012	情報の技術	3	G

(4) 担当者コード表

	A	B
1	担当者コード	担当者名
2	T01	秋山恵子
3	T02	加山幸恵
4	T03	佐川太一
5	T04	田中信夫
6	T05	中野博司
7	T06	葉山真美
8	T07	真壁弥生
9	T08	佐川一郎
10	T09	外山浩子
11	T10	幸田修二
12	T11	谷島花音
13	T12	田沢直人

図 2.4.5 データベースにインポートする各テーブル

（操作 1）Excel ワークシートの準備

① Excel を起動し，上記の (1) ～ (4) を，それぞれ Sheet1 ～ Sheet4 に入力し，シート名を，それぞれ指導案ファイル一覧表，単元コード表，教科コード表，担当者コード表に変更する。

ただし，ワークシート作成上，タイトルと単位の行は入れず，1 行目は見出し（Access では
フィールド名）行とし，2 行目以降に実際のデータを入力する。

② ファイル名を「コード表 .xlsx」として保存し，Excel を終了する。

（操作 2）表のインポート

① Access で［指導案］データベースを起動し，［外部データ］タブから［インポートとリンク］
グループの［新しいデータソース］をクリックし，［ファイルから］をポイントし，［Excel］
（Excel からテーブルにインポートする意味のアイコン）をクリックする。

② ［外部データの取り込み -Excel スプレッドシート］ダイアログボックスが開くので，［参照］
ボタンをクリックし，インポートするテーブルの載っている Excel ブックを探し，ブック
を選択し，［ファイル名］ボックスに表示されたのを確認し，［開く］をクリックする。す
ると，ダイアログボックスの［ファイル名］ボックスにブックへのパスが入力される。

③ ［現在のデータベースの新しいテーブルにソースデータをインポートする］オプションを
ON にし，［OK］をクリックする。

④ ［スプレッドシートインポートウィザード］が起動し，Excel ブック上のワークシート一覧
が表示されるので，［ワークシート］オプションを ON にし，インポートするワークシート
名，ここではまず「指導案ファイル一覧表」を選択し，［次へ］をクリックする。

⑤ 上側が［先頭行をフィールド名として使う］に変更されるので，チェックを付けて［次へ］
をクリックする。

⑥ また上側が［インポートのオプションをフィールドごとに指定できます…］に変更される
ので，［フィールドのオプション］グループボックス内で，［フィールド名］に［No］，［デー
タ型］に［整数型］，［インデックス］に［はい（重複なし）］を選び，［次へ］をクリックする。
（インデックスとは，検索を高速化するための索引のことで，［No］フィールドの重複のないデー
タを使ってそれを作るという指示である。）

⑦ 次の画面で，［次のフィールドに主キーを設定する］を ON にし，右のリストボックスで［No］
を選び，［次へ］をクリックする。（［No］フィールドを検索キーに設定するという指示である。）

⑧ 次の画面で［インポート先のテーブル］として［指導案ファイル一覧表］を指定し，［完了］
をクリックする。（［指導案ファイル一覧表］シートをインポートして［指導案ファイル一覧表］
テーブルを作成するという意味である。）

⑨ インポートに成功すると，その旨のメッセージが表示され，「インポート操作」を保存する
か聞いて来るので，保存せずに，そのまま［閉じる］をクリックする。

⑩ ［すべての Access オブジェクト］ペインに［指導案ファイル一覧表］テーブルが追加され
ているので，アイコンをダブルクリックか右クリックで［開く］をクリックすると，［指導
案ファイル一覧表］テーブルが右側のビュー領域上に開く。

⑪ 同様に，他の3つの表も「指導案」データベースにインポートする（図2.4.6）。

図2.4.6　データベースにインポートされたテーブル

【注意】

(1) フィールド名「No.」は無効な名前とされるので，ピリオドは付けないでおく。

(2) フィールドのデータ型について：[指導案ファイル一覧表] テーブルの [No] フィールドは整数型であるのに対し，[単元コード表] テーブルの [単元コード] フィールドと [教科コード] フィールド，[教科コード] テーブルの [教科コード] フィールド，[担当者コード表] テーブルの [担当者コード] フィールドのデータ型は，いずれも「短いテキスト型」に設定する。

(3) デザインビューについて：フィールドのデータ型や主キーの設定を間違えたことに後で気付いた場合は，[テーブル] ツールから [フィールド] をクリックし，[表示] グループの [表示] をクリックすると，テーブルの [デザイン] ビューが開き，フィールドごとのパラメータの設定が可能になるので，そこで訂正が可能である。

(4) テーブルの作成は，フィールドの定義からデータの入力まで，すべてを Access で行うのが通例である。しかし手間がかかるので Excel からインポートする方法をとった。

(5) 一般的な PC ソフトでは，一連の編集作業を行った後，データをファイルに保存して終了という手順を踏む。しかし，テーブルをインポートした後，ファイル保存の作業をすることなしに，データベースファイルを終了することができたであろう。データベースソフトでは，大きな入れ物としてのデータベースを作成しておき，データの更新はディスク上のテーブルに直接反映され，終了時点でのファイルの保存作業は不要となる。ただし，データベースの設定情報（スキーマ）についてはその都度保存するよう求められる。

4.2.2　リレーションシップの設定

　必要なテーブルはすべて揃ったが，このままではまだ動かない。テーブル間に関連を付ける必要がある。この関連性のことをテーブル間の**リレーションシップ**という。

[例題 4.3]　上記の4つのテーブル間に，リレーションシップを設定しよう。

(操作1) リレーションシップの表示

① [データベースツール] タブから [リレーションシップ] グループの [リレーションシップ] をクリックする。

② [リレーションシップツール] が起動し，[デザイン] タブが開き，空の [リレーションシップ] ウィンドウが開く。ただし，画面右側のビュー領域にテーブルが開いたままだと，リレーションシップの設定作業と競合を起こすので，各テーブルを [閉じる] を実行しビューから見えなくしておく必要がある。

③ [テーブルの表示] ダイアログボックスを開き，[テーブル] タブからテーブル名をひとつずつ選択し，その都度 [追加] ボタンをクリックすると，[リレーションシップ] ウィンドウに各テーブルの**フィールドリスト** (フィールド一覧が載った小さなウィンドウ) が配置される。

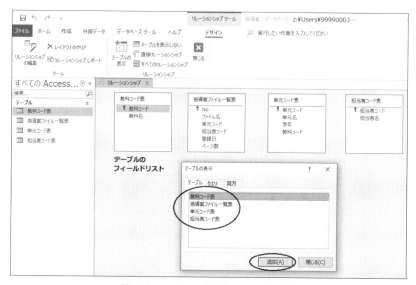

図2.4.7　フィールドリストの配置

④ [テーブルの表示] を閉じ，フィールドリスト間の関係が見やすくなるように，フィールドリストのタイトルバーをマウスでドラッグして，大きさや位置を調整する。

⑤ 次に，リレーションシップを示す**結合線**を手動で設定する。手順は次の通りである。

➤ まず，[教科コード表] テーブルと [単元コード表] テーブルは，[教科コード] フィールドを仲立ちに関連が付くので，[教科コード表] テーブルの [教科コード] の文字を，[単元コード表] テーブル上の [教科コード] の文字の位置までドラッグ＆ドロップする。

➤ 同様に，[単元コード表] テーブルの [単元コード] の文字を，[指導案ファイル一覧表] テーブルの [単元コード] の文字の位置までドラッグ＆ドロップする。

➤ さらに，［担当者コード表］テーブルの［担当者コード］の文字を，［指導案ファイル一覧表］テーブル上の［担当者コード］の文字の位置までドラッグ＆ドロップする。

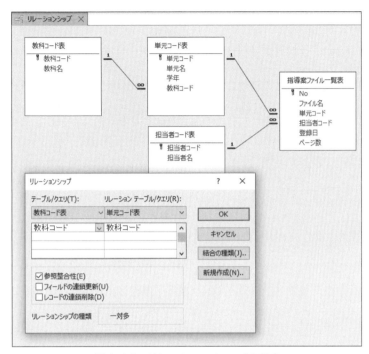

図2.4.8　リレーションシップの設定

【注意】2つのテーブルを共通のフィールドで関連付けるわけであるが，少なくともいずれかのテーブルでその共通フィールドは**主キー**になっていなければならない。また，そのとき共通フィールドが主キーに位置付けられているほうを（主の）テーブル，他方を（従の）リレーションテーブルといい，リレーションテーブルの共通フィールドを主テーブルの**外部キー**という。

(操作2)結合プロパティ（リレーションの種類のこと）の設定

① まず，［教科コード表］テーブルと［単元コード表］テーブル間の結合線上で右クリックし，［リレーションシップの編集］をクリックすると，［リレーションシップ］ダイアログボックスが開くので，次の設定と確認を行う（図2.4.8を参照）。

➤ 左上の一覧表上で，左側が（主の）テーブルで右側が（従の）リレーションテーブルである。

➤ ［参照整合性］チェックボックスをONにする。参照整合性とは，一方のテーブルのデータを更新／削除すると，他方も自動的に更新／削除されることである。

➤ ［リレーションシップの種類］は「一対多」の対応である。

➤ ［結合の種類］をクリックし，［結合プロパティ］ダイアログボックスで「両方のテーブルの結合フィールドが同じ行だけを含める」をONにし，［OK］をクリックする。

➤ [OK] をクリックして, [リレーションシップ] ダイアログボックスを閉じる。

② 次に, [単元コード表] テーブルと [指導案ファイル一覧表] テーブル間の結合線上で右ク
リックして, [リレーションシップの編集] をクリックし, [リレーションシップ] ダイア
ログボックスを開く。

➤ [単元コード表] テーブルが主で [指導案ファイル一覧表] テーブルが従となる。

➤ [参照整合性] チェックボックスを ON にし, [リレーションシップの種類] が「一対多」
であることを確認する。

➤ [結合の種類] は,「両方のテーブルの結合フィールドが同じ行だけを含める」が ON で
あることを確認し, [OK] をクリックする。

➤ [OK] をクリックして, [リレーションシップ] ダイアログボックスを閉じる。

③ 同じく, [担当者コード表] テーブルと [指導案ファイル一覧表] テーブル間の結合線上で
右クリックし, [リレーションシップの編集] をクリックし, [リレーションシップ] ダイ
アログボックスを開く。その後は, ②と同様である。最後に [OK] をクリックして閉じる。

④ ここで終了しようとすると, レイアウトを保存するか聞いて来る。これは設定情報 (いわゆ
るスキーマ) なので保存するか否かを聞いてきている。

【注意】 結合線には, 設定ごとに次のようなマークが付く (図 2.4.8)。

• [結合プロパティ] のオプションを, 2 (**左外部結合**) または 3 (**右外部結合**) に設定すると,「全
レコード表示」のテーブルから他方へ向かう矢印が付く。

• **参照整合性**のチェックを ON にした「一対多」のリレーションシップでは, 結合線の 1 の側
に「1」, 多の側に∞のマークがそれぞれ付く。「1 対 1」の場合は両端に「1」が付く。

4.3 データベースソフトの活用

　データベースの作成の次は, 実際に運用段階に入る。以下では, 実際の業務で使われるクエ
リ機能とレポート機能をまとめている。

4.3.1 クエリの新規作成と活用法

　既存のテーブルから新たなテーブルを導出する仕組みが**クエリ**である。そのうち, 特定の
フィールドやデータを抽出して作る方式のクエリを**選択クエリ**という。クエリを新規に作成す
るには, ウィザードを使って対話的に作成する方法と, デザインビューを使って手作業で作成
する方法とがある。ここでは, ウィザードを使ったクエリの作成法を試す。

[例題 4.4] 4 つのテーブル, [指導案ファイル一覧表], [単元コード表], [教科コード表], [担
当者コード表] から, Excel のリスト処置の練習として, 2.6.1 項の例題で使った「2020 年度
学習指導案」(図 2.2.31) と同じテーブルを作成する選択クエリを作成してみよう。

（操作1）選択クエリの作成

① ［作成］タブの［クエリ］グループの［クエリウィザード］をクリックする。

② ［新しいクエリ］ダイアログボックスが開くので,［選択クエリウィザード］を選択し,
［OK］をクリックする。

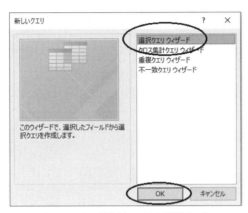

図2.4.9　選択クエリの新規作成

（操作2）フィールドの選択

① ［選択クエリウィザード］ダイアログボックスが開くので,［テーブル / クエリ］ボックスに,
適するテーブルを指定し,［選択可能なフィールド］リストボックスから必要なフィールド
名を選択し,［>］をクリックし,［選択したフィールド］欄に移動させる。

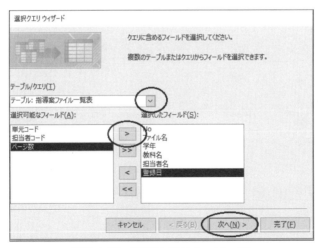

図2.4.10　［選択クエリウィザード］

② これを繰り返し,抽出したいフィールド名の［No］,［ファイル名］,［学年］,［教科名］,［担
当者名］,［登録日］,［ページ数］の7つを,それぞれこの順番で［選択したフィールド］

リストボックスに配置し，最後に［次へ］をクリックする（図2.4.10）。

③ クエリで集計を行うかどうか聞いて来たら，［各レコードのすべてのフィールドを表示する］オプションボタンを選択し，［次へ］をクリックする。

【注意】表示幅が広がるので，［単元名］フィールドは除いてある。

(操作3) クエリ名の指定と実行

① クエリ名を聞いてくるので，ここでは「指導案ファイル一覧表」と入力する。

② クエリを作成した後に何を行うかを聞いてくるので，［クエリを実行して結果を表示する］オプションを ON にし，［完了］をクリックする。

③ 図2.4.11 のような選択クエリの実行結果が表示される。

No	ファイル	学年	教科名	担当者名	登録日	ページ数
1	KMC2A00	2	国語	秋山恵子	2020/04/14	7
2	KMC1B00	1	社会	加山幸恵	2020/04/17	8
3	KMC1C00	1	数学	佐川太一	2020/05/25	6
4	KMC2C00	2	数学	田中信夫	2020/06/06	7
5	KMC3A00	3	国語	中野博司	2020/06/08	7
6	KMC1D00	1	理科	葉山真美	2020/07/11	6
7	KMC2D00	2	理科	真壁弥生	2020/07/12	8
8	KMC2E00	2	英語	佐川一郎	2020/09/01	5
9	KMC2F00	2	保健体育	外山浩子	2020/10/23	6
10	KMC2I001	2	美術	幸田修二	2020/11/13	5
11	KMC1H00	1	音楽	谷島花音	2021/02/04	6
12	KMC3G00	3	技術家庭	田沢直人	2021/03/12	7

図 2.4.11 ［指導案ファイル一覧表 クエリ］選択クエリ

④ ［No］フィールドのフィルタボタンをクリックし，［昇順で並び替え］をクリックすると，レコードが番号の小さい順に並べ替えられる。(Excel のオートフィルタボタンと仕様が同じであることに気付くだろう。)

⑤ 閉じるボタンをクリックすると，リレーションシップのレイアウトの保存と，［指導案ファイル一覧表 クエリ］の変更の保存を順に聞いて来るので，それぞれ［はい］をクリックする。

4.3.2 レポートの作成と印刷

レポートは，テーブルやクエリなどの形で得られたデータの一覧表を，業務で利用できるように見栄え良く加工したオブジェクトである。

［例題 4.5］ ［指導案ファイル一覧表 クエリ］のレポートを作成し，印刷してみよう。

(操作) レポートの作成

① 画面左側の［すべての Access オブジェクト］ペイン上で，「指導案ファイル一覧表 クエリ」をクリックする。

② ［作成］タブから［レポート］グループの［レポート］をクリックする。すると直ちに，ビュー領域に，［指導案ファイル一覧表 クエリ］レポートが表示される。

③ ［レポートレイアウトツール］の［ページ設定］タブを開き，［ページレイアウト］グルー
プの［縦］，［横］，［ページ設定］で印刷レイアウトの調整をする。

④ ［ファイル］タブから［印刷］をクリックし，［印刷プレビュー］をクリックすると，［印刷
プレビュー］画面になるので，［ズーム］グループから［ズーム］の下向き▼をクリックし，
70％などの縮小率を入力して全体が見えるようにする。

⑤ レイアウトが決まったら，［ファイル］タブから［印刷］をクリックして，印刷する。

⑥ ［閉じる］ボタンをクリックすると，［指導案ファイル一覧表 クエリ］レポートの変更を保
存するか聞いて来るので，いつでも作成可能なので，［いいえ］をクリックしてデータベー
スを終了する。

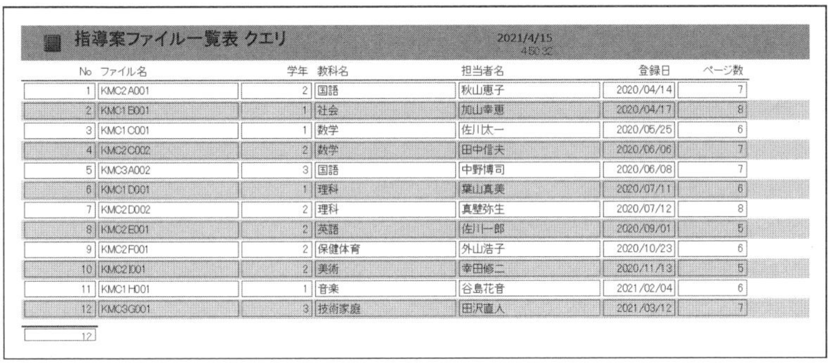

図2.4.12 ［レポート］の印刷プレビュー画面

【注意】レポート機能について

• レポートの画面表示，すなわち［ビュー］には「レポートビュー」，「レイアウトビュー」，「デ
ザインビュー」，「印刷プレビュー」の4つがあり，タブで右クリックして表示を切り替える
ことができる。図2.4.12は，「印刷プレビュー」のタイプである。

• ［No］順に並んでいないときは，［レポートレイアウトツール］の［デザイン］タブの［グルー
プ化と集計］グループの［グループと並べ替え］をクリックする。画面下のペインに［並べ
替えの追加］ボタンが表示されるのでクリックする。［フィールドの選択］で［No］をクリッ
クすると，Noのデータで並べ替えられる。

• ［レポートレイアウトツール］の［ページ設定］タブの［ページレイアウト］グループで［横］
をクリックする。印刷用紙が横向きに設定される。それでもはみ出るようであれば，［デザ
イン］タブの［表示］グループの［表示］をクリックし，［レイアウトビュー］をクリック
する。各フィールドのセルの横幅を変更できるようになる。

• ［ファイル］タブの［印刷］から印刷プレビューを選べば，印刷イメージをディスプレイ上
で確認できる。印刷プレビュー画面を閉じるときは，リボン上の［印刷プレビューを閉じる］
をクリックする。

章末問題

1. 本文の例題で作成した［指導案］データベースに対して，次の処理を実行せよ。

   (1) ［No］，［ファイル名］，［単元名］，［学年］，［教科コード］の5つのフィールドからなる選択クエリ［指導案ファイル・単元名一覧表］クエリを作成せよ。

   (2) ［No］，［ファイル名］，［登録日］，［ページ数］の4つのフィールドからなる選択クエリ［指導案ファイル・登録日一覧表］クエリを作成せよ。

   (3) ［No］，［ファイル名］，［担当者名］の3つのフィールドからなる選択クエリ［指導案ファイル・担当者一覧表］クエリを作成せよ。

2. 次の4つのテーブルからなる［受注］データベースを作成し，以下の各問に答えよ。

	A	B	C	D	E
1	伝票番号	日付	商品コード	顧客コード	数量
2	1	2022/10/1	P03	C07	3
3	2	2022/10/1	G02	C10	5
4	3	2022/10/3	P01	C05	7
5	4	2022/10/5	F01	C08	6
6	5	2022/10/7	D05	C12	8
7	6	2022/10/10	D05	C12	4
8	7	2022/10/12	G02	C02	6
9	8	2022/10/12	D01	C02	2
10	9	2022/10/15	B52	C05	4
11	10	2022/10/21	A02	C05	6
12	11	2022/10/25	A02	C12	8
13	12	2022/10/28	B52	C01	7

図 2.4.13　売上表

	A	B
1	顧客コード	顧客名
2	C01	相田不動産
3	C02	金井内科胃腸科病院
4	C05	佐々木旅館
5	C07	田熊産業社員寮
6	C08	夏野ビジネスホテル
7	C10	浜野工業本社
8	C12	間山産婦人科医院

図 2.4.15　顧客コード表

	A	B
1	商品コード	商品名
2	A02	ハイビジョン液晶テレビ
3	B52	フルハイビジョン液晶テレビ
4	D01	フルハイビジョンプラズマテレビ
5	D05	フルハイビジョンLEDバックライト液晶テレビ
6	F01	ハイビジョンHDD内蔵液晶テレビ
7	G02	フルハイビジョンHDD内蔵液晶テレビ
8	P01	フルハイビジョンブルーレイ内蔵テレビ
9	P03	フルハイビジョンHDD内蔵プラズマテレビ

図 2.4.14　商品コード表

	A	B
1	商品コード	単価
2	A02	100,000
3	B52	150,000
4	D01	180,000
5	D05	210,000
6	F01	140,000
7	G02	220,000
8	P01	160,000
9	P03	170,000

図 2.4.16　単価表

   (1) ［伝票番号］，［日付］，［商品名］，［単価］，［顧客名］，［数量］の6つのフィールドからなる選択クエリ［売上表 クエリ］を作成せよ。

   (2) ［商品コード］，［商品名］，［単価］の3つのフィールドからなる選択クエリ［商品‐単価］クエリを作成せよ。

   (3) ［伝票番号］，［商品名］，［顧客名］の3つのフィールドからなる選択クエリ［商品‐顧客］クエリを作成せよ。

(4) ［伝票番号］，［日付］，［数量］の３つのフィールドからなる選択クエリ［日付－
数量］クエリを作成せよ。

【参考文献】

大木幹雄『データベース設計の基礎』日本理工出版会，1998
小暮明＆インプレス書籍編集部編『できる Access2000Windows 版』インプレス，1999
岡田庄司『頼りになる Microsoft Access97 パワーガイド』秀和システム，1997
師啓二・樋口和彦・舩田眞里子・黒澤和人『これからの情報科学』学文社，2018

第5章　インターネットの活用

インターネットは今やなくてはならない社会基盤となっている。しかし一方，ウイルス感染，情報漏えい，著作権侵害など注意すべき点も多い。本章では，事前にとるべき対処法と，コミュニケーションツールとしての便利な利用法をまとめている。

5.1　PC のセキュリティ設定

インターネットを利用する際の，端末における安全対策を考えておこう。

5.1.1　ユーザ認証による不正アクセス防止

システムにアクセスしようとする者に対し，有資格者であるかを確認することを**ユーザ認証**といい，**ユーザ ID** と**パスワード**（本人しか知らない）の組み合わせで行う場合が多い。ユーザ認証は，OS やアプリケーションの起動時に実施される他に，インターネットの各種サービスでも広く利用されている。パスワードの管理は特に重要で，注意すべき点を列挙しておく。

- デフォルト（初期設定）のパスワードは即座に無効にし，独自に再設定すること。
- システムの管理者になっている者は，管理用ユーザ ID と通常利用時のユーザ ID を別に設定すること。そして，管理用ユーザ ID は必要なときにのみ使用し，通常利用時のユーザ ID の利用権限は必要最低限に設定する。自宅 PC の管理も同様である。
- 氏名，生年月日，住所などのような，すぐ試されそうなものはパスワードに設定しない。
- 極端に短いパスワードを禁止するとか，パスワードの入力で規定回数連続して間違った場合はそのユーザ ID を一時的に無効にするなどの設定をすること。
- 同じパスワードを長期間使い続けることがないよう，定期的に変更すること。
- システムごとにパスワードを変えること。PC，携帯端末，各種サイト（ネットショップ，カード会社，ネットバンキング，クラウド等々）での使い回しは絶対にしない。
- パスワードをメモした紙を，人からすぐ見えるところに貼ったり置いたりしないこと。
- パスワード管理アプリで大量のパスワードを管理する場合は，古いバージョンのアプリを使わないことと，外部メディアにバックアップをとることが重要である。
- パスワードを聞かれても教えてはいけない。組織内では，ネットワークの管理義務違反となる。管理者が利用者に聞いてくることもない。
- 最近は，認証の安全性を高めるために，一度認証されたあとに，認証先から再度問い合わせ

が届き二度目の認証を行うという「二段階認証」を行うシステムが増えている。

- パスワードを忘れたときは，パスワードそのものを問い合わせるのではなく，初期設定の方法を知ろうとすることが重要である。

5.1.2　セキュリティアップデート

ユーザ ID とパスワードによる認証だけでは万全とはいえない。OS やアプリケーションの**バグ**（プログラムのミス）が**セキュリティホール**（システムの弱点のこと）となり，不正侵入を許してしまう場合も多いからである。そこで，OS やアプリの製造元は，バグの修正に加え，発売後に発生した脅威にも対抗すべく，**アップデート**プログラムを配布している。利用者は，このプログラムを速やかに入手し，システムを最新の状態に保つ必要がある。

[例題 5.1]　Windows10 の PC で Windows Update を実行する。

（操作）Windows の設定画面で，更新とセキュリティを開き，更新プログラムを実行する。

① スタート画面を開き，［電源］ボタンの上の［設定］ボタンをクリックする。

② ［Windows の設定］画面が開くので，［設定とセキュリティ］をクリックする。

③ ［Windows Update］をクリックする。

④ PC の状態に応じてメッセージが表示される。［お使いのデバイスは最新の状態です。］と表示されれば完了である。［閉じる］ボタンで Windows Update を閉じる。

⑤ ［更新プログラムを確認しています］の場合は，確認後のメッセージに応じた操作を行う。

⑥ その他，更新プログラムのダウンロード中，インストールの準備中やインストール中などのメッセージが出ることもあるので，それぞれに対応した操作を行う。

⑦ ［Windows の更新時に他の Microsoft 製品の更新プログラムも入手します］をチェックする。

⑧ ［再起動がスケジュールされています］と出た場合は，［今すぐ再起動する］をクリックする。

5.1.3　セキュリティソフト

PC にコンピュータウイルスが侵入し，システムの破壊やデータの改ざん・盗聴を働くことがある。そこで，ウイルスを検知・駆除するアンチウイルスソフトや，ネットワークからの不正信号を防御するファイアウォールソフトなどをインストールし，システムの動きを常時監視する必要がある。一方，タブレットやスマートフォン用のセキュリティソフトもあるが，端末を紛失した時に位置を知らせるなどが中心で，機能は限定的である。したがって，無線 LAN の接続パスワードの管理と，OS やアプリケーションのアップデートが重要である。

[例題 5.2]　Windows10 には Windows Defender というセキュリティソフトが標準装備されている。Windows Defender が有効になっているか確認してみよう。

（操作）Windows Defender の設定確認

① スタート画面から［設定］をクリックし，［Windows の設定］画面を開く。

②［更新とセキュリティ］をクリックする。

③［Windows Defender］をクリックし，次の画面から［Windows Defender セキュリティセンターを開きます］をクリックする。

④［Windows Defender セキュリティセンター］が表示されるので，Windows Defender が有効になっていることを確認する。

⑤ 他のセキュリティソフトがインストールされているため，無効になっている場合がある。

【注意】 Windows Defender には，ウイルス対策（侵入監視，ファイルスキャン），改ざん防止，アプリケーションの脆弱性監視などの機能が備わっており，インターネットの閲覧やワープロなどの利用が通常の利用形態であれば特に問題はない。しかし，悪質サイトの検出機能や迷惑メールの検知機能がないため，インターネットバンキングやネットショッピングの利用，機密文書のメールでのやり取りなどが想定される場合は，市販のセキュリティソフトを別途導入することが推奨される。

5.2　Web 検索と資料の活用

Google を例に，Web 検索の利用方法を整理しておく。

5.2.1　Google 検索の基本と応用

Google 検索は，キーワードを入力して関連する Web サイトを結果として得る。思った通りの結果を得るには，クエリ（検索文）を作る際にそれなりの工夫が必要である。

（1）Google 検索の基本

[例題 5.3] 「人工知能」に関わる資料をインターネットで見つけたいとしよう。

• シンプル検索：まずは思いついた用語から検索を始める。例：「人工知能」

• 絞り込み検索（AND 検索）：空白で区切って用語を追加する。例：「人工知能 囲碁」

• 辞書・定義検索：用語に続けて「とは」と入力する。例：「人工知能とは」

（2）演算子を使った検索

[例題 5.4]　検索の精度を高めるために，さまざまな補助記号が準備されている。

• 語句の除外：除きたい語句の前に – を付ける。例：「人工知能 速さ – 表示 – 導入」

• 完全一致検索：語句をダブルクォーテーションで挟む。例：「" 人工知能技術の進歩 "」

• ワイルドカード (*) 検索：不明な語句の代わりに使用する。例：「" 人口知能に関する *"」

• 数値範囲で検索：数値間に「..」を置く。例：「人工知能 ロボット 50000 円 ..100000 円」

• 結合検索（OR 検索）：対象領域を広げていく。例：「人工知能 OR エンジニア」

- 特定サイト検索：サイトまたはドメインの前に「site:」を付ける。例：「site:.go.jp」
- 関連サイト検索：既知のドメインの前に「related:」を付ける。例：「related:.stat.go.jp」
- サイトの詳細情報表示：サイトのアドレスの前に「info:」を付ける。例：「info:.stat.go.jp」

　（3）検索結果のフィルタリング

［例題5.5］　一度表示された検索結果に対し，特定の種類のコンテンツのみを表示することができる。また，「検索ツール」を使って公開日などでフィルタをかけることができる。

（操作）「結果の種類」と「検索ツール」の利用

① シンプル検索を行うと，検索結果のすべてが表示される。

② ページの上部に「すべて　ニュース　画像　動画　ショッピング　もっと見る」からなる出力オプションが表示される（図2.5.1）。

③ いずれかを実行すると，現在のすべての結果にフィルタがかかり，対象が絞り込まれる。

④ 一方，［設定］または［ツール］を開くと，公開日によるフィルタをかけるなど，表示に制限をつけることができる。

図2.5.1　「結果の種類」と「検索ツール」オプションの選択

5.2.2　書誌情報の記録

　Web検索で有用な資料を発見し，入手してレポートや論文で実際に参考にした場合，その旨を明示しなければならない。そこで書誌情報を巻末の「参考文献」にリストアップする。

［例題5.6］　文章の著者とタイトルが特定できればまずそれを取得する。しかし，資料がWebサイト上のページである場合，著者等が特定できないことも多い。そのようなときであっても，少なくともWebページの「所有者」，「タイトル」，「URL」の3つを取得する。

（操作）Webページの「所有者」，「タイトル」，「URL」の取得

① Webページのヘッダ部のロゴやフッタ部の情報から所有者を判断する。

② ［表示］メニューから［ソース］をクリックする。

③ 画面下段にWebページのHTMLソースが表示されるので，HTMLのtitle要素を探す。

④ 開始タグ<title>と終了タグ</title>で挟まれたテキストがタイトルなのでコピーする。

⑤ 画面上部のアドレスボックスをクリックすると，WebページのURLが反転表示される。

⑥ 図2.5.2で表示している資料の書誌情報は次の通りで，これを参考文献に追加する。

図 2.5.2　Web ページのタイトルと URL

（出所）人工知能学会「人工知能って何？」https://www.ai-gakkai.or.jp/whatsai/AIwhats.html

5.3　電子メールの活用

　電子メールは手軽なコミュニケーションツールとして重宝される。ただし，改まった場面では，手紙文あるいはビジネス文書（第Ⅱ部第1章参照）に準じる形で作成するのがよい。省略や曖昧表現が多くなると，思わぬミスや誤解が生じるからである。

　そこで本節では，公的な立場でメールを作成する場合の留意点を整理する。

5.3.1　メールの設定

　Microsoft 社の提供する Office365 の場合を例に要点を見てみよう。

[例題 5.7]　メールシステムの設定

（操作1）［メールのオプション］の起動

- Office365 のメニューバーから［設定］ボタン（歯車マーク）をクリックする。
- ［設定］サブウィンドウが開くので，［アプリの設定］の［メール］をクリックすると，［メールのオプション］が開く。

（操作2）自動処理の設定

- 左端のメニューから［メール］→［自動処理］と辿り，［迷惑メールの報告］をクリックする。
- ［メッセージが迷惑メールとしてマークされた場合］に対するオプションを選択する。
- ［報告の共有］に対するオプションを選択する。
- 左端のメニューで［返信設定］をクリックする。
- ［返信設定］に対するオプションとして［返信］を選択する。これにより，受信したメッセージに対する返信の作成画面を表示したとき，既定の応答として「差出人のみに送信する」よ

うにできる。このオプションを変更しておかないと，デフォルトが［全員に返信］となっているので，不要なメールが全員に送信されてしまうので注意が必要である。

- 左端のメニューで［送信の取り消し］をクリックする。
- Office365 では，送信したメールを最大 30 秒間だけ取り消すことができるので，取り消し可能時間を 30 秒に設定しておくと安心である。

(操作 3) メールの署名とメッセージ形式の設定

- 左端のメニューから［メール］→［レイアウト］と辿り，［メールの署名］をクリックする。
- メールの署名の編集画面が開くので，署名を入力する。
- 左端のメニューで［メッセージ形式］をクリックする。
- ［メッセージ形式］オプション画面で，［この形式でメッセージを作成する：］欄で「テキスト」を選択する。

【注意】 各オプションで選択を変更すると，次のオプション項目に移動する際に［このオプションに変更を加えますか］と聞いてくるので，変更してよければ［保存］をクリックする。

5.3.2　メールの作成

[**例題 5.8**]　手紙文の簡易形で書いた質問メールである。

　メールの作成に際しての心構えを列挙しておく。

- From：通称は使わない。メールアドレスは，公的に通用するものを使用する。
- Subject（件名）：省略しない。省略すると迷惑メールと判断され読んでもらえないこともある。内容を表す短文やキーワードを使う。依頼，報告などの区別を付すとよい。
  （例）「〜の件（お伺い）」，「〜について（ご報告）」
- 文書構造：手紙あるいはビジネス文書に準じ，その簡易形とする。
- 本文冒頭：送信先の名前を，敬称を付けて記す。自分の氏名は所属も付ける。教員は複数の授業を担当しているので，授業クラスを明示することは重要である。
- 署名：必ず付ける。所属と氏名などを記し，電話番号は書く必要はない。
- その他
  ➢ 機種依存文字を使わない。全角丸数字①，②やローマ数字Ⅰ，Ⅱなどはその例。
  ➢ 具体的な連絡内容は「記書き」に書く。

```
差出人：99990003@sd.abc.ac.jp
宛先：daigyoji@abc.ac.jp
件名：プログラムの課題について（質問）

大行寺先生

教育学部 2 年の白鴎太郎（99990003）です。
水曜 2 限「プログラミング言語論Ⅰ」の授業でいつもお世話になっています。

さて，10 月 3 日の授業で作成したプログラムですが，
7 行目でエラーが発生し，その後先に進めません。
質問をメールで受け付けて下さるとお聞きしました。
ソースファイルを添付いたしますので，
ご助言いただけましたら幸いです。
まずは取り急ぎお願いまで

-------------------------------------
Taro Hakuoh                              ┐
99990003@sd.abc.ac.jp                    ┘ 署名
-------------------------------------
```

（環境異存文字Ⅰは使わないこと。アルファベット i の大文字で代用）

図 2.5.3　質問メールの例

章末問題

1. 普段利用している Web サービスから代表的な 3 つを選び，パスワードを忘れたときの対処法を調べてみよ。

2. パスワードが盗まれる場合の多くは，巧妙なトリックに引っかかり，つい教えてしまうというものである。これを**ソーシャルエンジニアリング**（社会工学）的行為という。キャッシュカードやクレジットカードの暗証番号が聞き出される場合も含め，過去に発生した事件をニュースサイトで検索し，具体的にどのような手口なのか事例を使って説明せよ。

3. ユーザ ID・パスワードの窃取の手口としてどのようなものがあるか，Web 検索で調べ，分類整理してみよ。ただし，検索対象を新聞各社のネットニュースに限ること。

4. 例題 5.8 で送信したメールへの返信を大行寺先生から受け取り，問題が解消したとする。大行寺先生へのお礼のメールを作成してみよ。

【参考文献】

牧野二郎『Google 問題の核心』岩波書店，2010

末藤高義『サイバー犯罪対策 ガイドブック』民事法研究会，2012

Google「検索結果のフィルタリング」
　https://support.google.com/websearch/answer/142143?hl=ja（2020 年 3 月 18 日閲覧）

Google「ウェブ検索の精度を高める」
　https://support.google.com/websearch/answer/2466433?hl=ja（2020 年 3 月 18 日閲覧）

Google「Google での検索のコツ」
　https://support.google.com/websearch/answer/134479?hl=ja（2020 年 3 月 18 日閲覧）

第Ⅲ部
応用編

第1章 PowerPointの応用

第2部第3章でプレゼンテーションをPowerPointを使って行うことを学習したが，ここでは，PowerPointを授業に活用することを視野に入れ，PowerPointによる問題作成とアニメーションを学習する。ただし，通常のPowerPointの「動作」でも同じことができる。この章で使用するコマンドボタン等は，エクセルのフォームでも使用できる。

1.1 PowerPointによるクイズ問題の作成

この節では，PowerPointを使って日本語表記の正しい方を選択する次の二択問題を作成する。

[例題1.1]

図3.1.1のスライドを使用した二択問題を作成してみよう。

図3.1.1　例題1.1のスライド完成図

(操作1)リボンに開発タブを表示させる

① PowerPointを起動し，新規作成を選択する。

② ［ファイル］タブから［オプション］をクリックし，［リボンのユーザー設定］をクリックする。

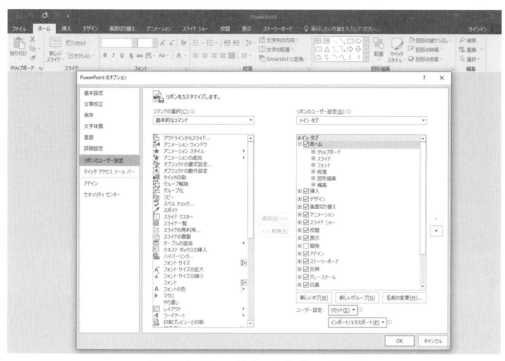

図3.1.2　PowerPointのオプション画面

③ ［開発］の欄にチェックを入れて［OK］をクリックするとリボンに［開発］タブが表示される。

図3.1.3　開発タブ

図3.1.4　開発タブの拡大図

(操作 2) マクロを有効にする。マクロ (macro) とは，繰り返し使用される一連の操作や命令などをまとめて登録し，必要に応じ呼び出し，使用できるようにする機能のことである。

① ［ファイル］タブから［オプション］をクリックし，［セキュリティーセンター］をクリックする。

② ［セキュリティーセンターの設定］をクリックし，［マクロの設定］で［すべてのマクロを有効にする］にチェックする（シャットダウンする前に元に戻しておくとよい）（図 3.1.5）。

図 3.1.5　マクロの設定のダイヤログボックス

(操作 3) スライド 1（表紙）の作成

① 2 択問題の表紙にふさわしいデザインを選び，タイトルを入力する。無料サイトから，ダウンロードしてもよい。

② ［開発］タブをクリックし，コントロールグルーブのコマンドボタンをクリックする。スライドの適当な位置で左クリックし，ドラッグ＆ドロップしてコマンドボタンを作成する。コマンドボタンを右クリックし，［コマンドボタンオブジェクト］［編集］と選択し，「開始」と入力する（図 3.1.1 参照）。

③ 部品の説明

主に使用するコントロールは，ラベル，テキストボックス，コマンドボタンの 3 つである。スライド 1（表紙）のコマンドボタンをダブルクリックし，スライド 1 のコマンドボタンのコード入力画面が表示されたら，図 3.1.6 を参考にしてコードを入力する。

図3.1.6　スライド1のコマンドボタンのコード

Private Sub CommandButton1_Click () と End Sub の間に書かれたコードは，スライド1のコマンドボタンがクリックされると実行される。

Slide2.Label1.Caption = ""

Slide3.Label1.Caption = ""

Slide4.Label1.Caption = ""

はスライド2～4（問題）のラベルに書かれた文字を消すコードである。

SlideShowWindows（Index:=1）.View.GotoSlide Index:=2

はスライド2を表示させる。

（操作4）スライド2～4（問題）の作成

① スライド2～4の問題の絵を作成する。図3.1.7を参考にして，スライド2～4に2つのコマンドボタンとひとつのテキストボックスを張り付ける。2つのコマンドボタンにそれぞれ該当する選択肢を入力する。

② スライド2～4の2つのコマンドボタンをそれぞれダブルクリックし，図3.1.7を参考にしてコードを入力する。

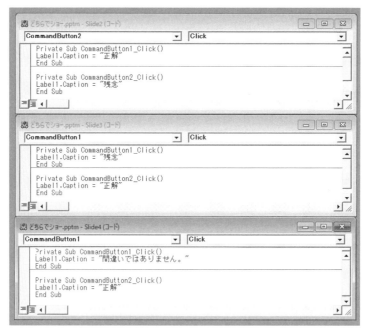

図3.1.7　スライド2〜4のコード

③　マクロ有効プレゼンテーションとして保存する（図3.1.8）。

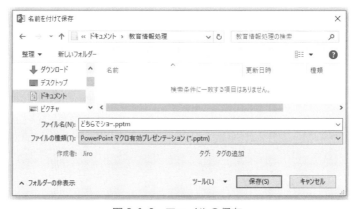

図3.1.8　ファイルの保存

1.2　PowerPoint を使ったアニメーション

この節では，PowerPoint を使ってアニメーションを作成する。

［例題 1.2］

PowerPoint を使って円を描くアニメーションを作成してみよう。

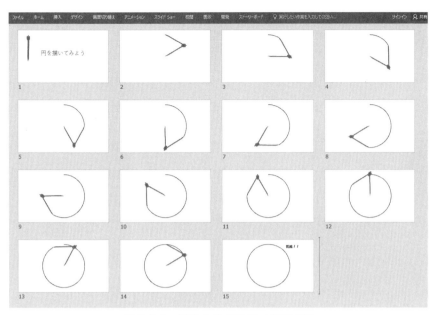

図3.1.9　例題1.2のスライド完成図

（操作）スライドの作成

① ［挿入］［図形］［円弧］で円を描く。スライドをコピーし14枚に増やす。

② 少しずつ丸くなるように円弧を短くする（図3.1.10）。

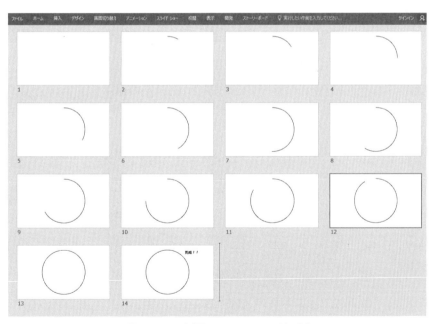

図3.1.10　例題1.2のスライド円弧

③ コンパスを作成する（図3.1.11）。

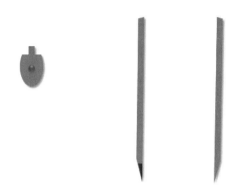

図3.1.11　コンパスの例

④ 図3.1.9を参考にしてコンパスをスライドに貼り付ける。

⑤ ［ファイル］［エクスポート］［ビデオの作成］［各スライドの所要時間　0.3］［ビデオの作成］と選択すると1枚1枚をスライドショーさせたアニメーションが作成される。

⑥ ビデオが作成されたら，もとのPowerPointのファイルもプレゼンテーションとして保存する。

【参考文献】
師啓二・樋口和彦・舩田眞里子・黒澤和人『これからの情報科学』学文社，2018

第2章 Scratch

2.1 Scratch とは

Scratch（スクラッチ）は，MIT メディアラボにより開発された[1]オブジェクト型のプログラ
ミング言語である。小学生等のプログラミング学習に広く用いられている。文部科学省のホー
ムページにも Scratch によるプログラミングの考え方の指導例が紹介されている。

　ここでは加減乗除の計算を例にプログラムの考え方と Scratch の使い方について学習する。

2.2 Scratch によるプログラミングの基本構造

　プログラムは，順次処理・分岐処理・繰返処理の3つの処理から成る。順次処理とは，命令
文を上から下に順番に実行する処理である。分岐処理とは，条件が成立するか否かによって別
の命令文を実行する処理である。繰返処理とは，決められた処理（命令文のまとまり）を指定の
回数，あるいは条件を満足する間実行する処理である。

2.2.1 Scratch の始め方

　Google Chrome から「https://scratch.mit.edu/」にアクセスし，「作る」をクリックすると
図3.2.1の画面が表示される。

　ブロックエリアの左側の1列に並んだカテゴリーの色別の〇（①）は，その下に書かれた言
葉に関連した Scratch の命令群（ブロック群）へのメニューである。たとえば，青の「動き」を
選択すると，〇歩動かす等スプライトの動きに関するブロック群が②のブロックパレットに表
示される。この②の欄のメニューから，適切なブロックを選択し，③のスクリプトエリアの領
域へドラッグ＆ドロップする。③に必要な命令をすべて並べた後，先頭のブロックをクリック
すると実行される。また，「▶ が押されたとき」のブロックを先頭に置き，「▶ が押されたと
き」または④の緑の旗をクリックしてもよい。さらに，2つ以上のブロック群またはスプライ
トを同時に動かすには，それぞれ「▶ が押されたとき」のブロックを先頭に置き，④をクリッ
クする。⑤をクリックするとプログラムが停止する。⑥のステージにはプログラム実行時のス
プライトの動作が表示される。⑦のアイコンではスプライト作成したり，選んだりすることが
できる。⑧のアイコンは背景を作成したり，選んだりすることができる。⑨のボタンをクリッ

---

1)　Scratch ウェブサイト

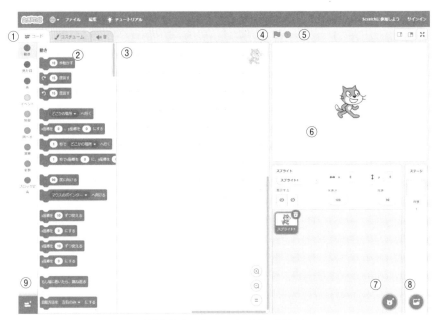
図 3.2.1　Scratch の作成画面

クすると追加の拡張機能を表示することができる。

2.2.2　順次処理のプログラム

　ここでは加減乗除の計算を例に順次処理のプログラムを書く。

[例題 2.1]　「3+5」をスプライトの猫に計算させるプログラムを作成してみよう。ただし①〜⑧は図 3.2.1 に記入した番号である。

(操作 1)　①の領域の「見た目」をクリックし，②の中からブロック「『こんにちは』と言う」を③の領域へドラッグする。『こんにちは』と書かれた場所に①の演算をクリックし②の中のブロック「○＋○」をドラッグ＆ドロップする。空白の部分に 3 と 5 を入力する（図 3.2.2）。

(操作 2)　③の紫の部分をクリックする。すると吹き出しが表示され，スプライトの猫の吹き出しの中に答え (8) が表示される。

(操作 3)　⑤のボタンを押すことでプログラムが終了する。

[問題 2.1]　例題 2.1 にならって減算，乗除算を行うプログラムを作成してみよう。

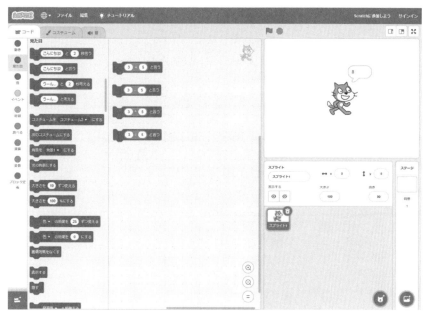

図3.2.2　例題2.1の実行画面

[**例題 2.2**] スプライトの猫の呼びかけに従って任意の数値を入力し，足し算を計算させるプログラムを作成してみよう。

(**操作1**) まず，変数を2つ作成する。変数とは，数字等を一時的に入れておく場所である。まず①の［変数］の「変数を作る」をクリックする。「新しい変数名」を聞いてくるので「変数1」と入力して「OK」をクリックする。同様にして「変数2」を作成する。変数に代入できる値の大きさは第3章を参考にすること。

(**操作2**) ①の［イベント］をクリックし，②の領域から「▶が押されたとき」を③の領域へドラッグ＆ドロップする。

(**操作3**) ①の［変数］をクリックし，②の領域の「変数を0にする」を③の先程のブロックの下へドラッグ＆ドロップして「変数」を「変数1」に変える。同様にして「変数2を0にする」のブロックを作成する。

(**操作4**) ①の領域の［調べる］をクリックし②から「『What's your name? 』と聞いて待つ」を③へドラッグ＆ドロップする。「What's your name?」を「足される数を入力してね」に変更する。

(**操作5**) ②の領域の「変数を0にする」を②へドラッグ＆ドロップして，「変数」を「変数1」に変え0の部分に①の［調べる］から「答え」を入れる。

(**操作6**) 操作5と同様にして，「足す数を入力してね」と「変数2を答えにする」を作成する。

(**操作7**) ①の［見た目］から「うーんと2秒考える」と「こんにちは！という」を③へドラッ

グ＆ドロップする。「こんにちは！」に①の［演算］から「○＋○」を入れ，○に部分にそれぞれ［変数］の「変数1」と「変数2」を入れる。(図3.2.3)

(操作8) ▶ をクリックし，「猫」の問いに応じて数字を入力する。

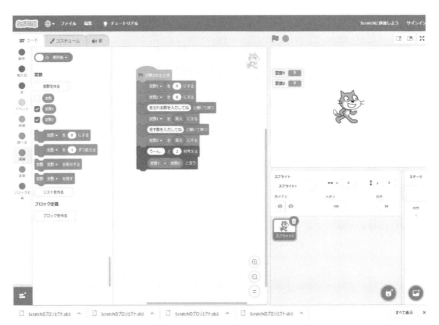

図3.2.3　例題2.2の完成画面

2.2.3　分岐処理のプログラム

条件が成立するか否かによって異なる処理を行う分岐処理のプログラムを作成する。分岐処理の部品は①の［制御］をクリックすると表示される。

［例題2.3］

スプライトの猫の呼びかけに従って足し算または引き算のいずれかを選択し，計算させるプログラムを作成してみよう。

(操作1) 例題2.2と同様にして，変数を2つ作成する。

(操作2) 例題2.2と同様にして，「▶ が押されたとき」「変数1を0にする」「変数2を0にする」のブロックを③に並べる。

(操作3) ①の領域の［調べる］から「『What's your name? 』と聞いて待つ」を③へドラッグ＆ドロップし，「What's your name?」を「1.足算 2.引き算 のどちらを計算しますかの？」に変更する。

(操作4) ①の領域の［制御］から②の領域の「もし○なら…，でなければ」を③へドラッグ＆ドロップして，「○」に［演算］の「○＋○」を入れ，左側に［調べる］の「答え」を入れ，

右側に1を入れる。

(操作5)「もし○なら…」の枠に例題2.2と同様にして，ブロックを並べる。「…，でなければ」の枠に例題2.2と図3.2.4を参考にして，ブロックを並べる。

(操作6) 🚩 をクリックし，「猫」の問いに応じて数字を入力する。

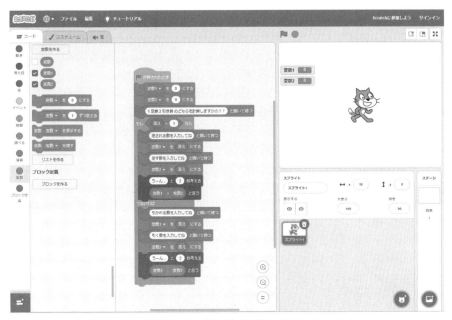

図3.2.4　例題2.3の完成画面

2.2.4　繰返し処理のプログラム

　決められた処理（命令文のまとまり）を指定の回数，あるいは条件を満足する間実行する繰返し処理のプログラムを作成する。

[例題2.4]

「モグラたたき」のプログラムを作ってみよう。

(操作1)『背景を選ぶ』の中の『描く』を選択する。背景を自由に描く。

(操作2)『スプライトを選ぶ』の中の『描く』を選択する。モグラを描く。①のコードに戻り大きさを調節する。（ペイント等で描いたものや「いらすとや」等の無料サイトからダウンロードした絵をアップロードしてもよい。）

(操作3)［コード］のタブをクリックし，「猫」のスプライト右上の×印をクリックする。

(操作4)図3.2.5を参考にしてブロックを並べる。

【演習問題2.2】　例題2.4のプログラムに終了の操作を加えてみよう。

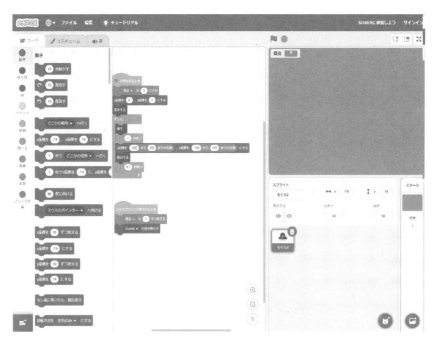

図3.2.5　例題2.4の完成画面（絵　いらすとや）

2.3　配列を用いたプログラミング

配列を使って平均気温を求めるプログラムを作成する。配列とは，複数のデータの集まりに
ひとつの名前をつけて扱うデータ構造である。

［例題2.5］

5日間の気温を入力し，その平均を求めるプログラムを作成してみよう。

（操作1）まず，リストを作成する。リストとは，scratch における配列である。まず①の［変数］
の「リストを作る」をクリックする。「新しいリスト名」を聞いてくるので「気温」と入力し
て「OK」をクリックする。

（操作2）例題2.2と同様にして，変数「番号」，「合計」を作成する。

（操作3）例題2.2と同様にして，「 が押されたとき」「変数を0にする」「変数を0にする」
のブロックを③に並べる。「合計を0にする」「番号を1にする」と変更する。

（操作4）①の領域の［制御］から②の領域の「○まで繰り返す」を③へドラッグ＆ドロップして，
「○」に［演算］の「○＝○」を入れ，左側に［調べる］の「答え」を入れ，右側に99を入れ
る。99を入力すると繰り返しを終了するプログラムになる。

（操作5）「○まで繰り返す」の枠に図3.2.6を参考にして，ブロックを並べる。

（操作6）①の領域の［見た目］から②の領域の「○と言う」を③へドラッグ＆ドロップして，
「○」に［演算］の「○／○」を入れ，左側に［変数］の「合計」を入れ，右側に［変数］の「番

号」を入れる。実行すると猫が平均気温を言う。

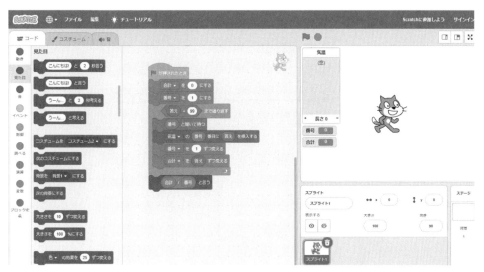

図 3.2.6　例題 2.5 の完成画面

章末問題

1. 2つの選択肢からひとつを選ばせ，正解したら「当たり！」不正解なら「残念！！」と表示するプログラムを作成せよ。

2. 5種類の変数に5個の数字を入力し，平均と標準偏差をもとめるプログラムを作成せよ。また，配列を使用した場合のプログラムを作成せよ。

3. 2個の数字を入力し，ユークリッドの互除法を用いて最大公約数を求めるプログラムを作成せよ。

4. 駅名のグループの中から，2つの駅番号を選ばせ，両毛線の駅名が含まれるときは「小山へ行こう！」，含まれないときは「電車で行こう！」と表示するプログラムを作成せよ。
   小山　足利　栃木　佐野　岩舟　思川　富田　大平下　宇都宮　大宮　東京　上野　郡山　福島　仙台　盛岡

5. 駅名のグループ中から，2つの駅番号を選ばせ，両方とも両毛線の駅名のときは「小山が最適！」，そうでないときは「小山に来てね！」と表示するプログラムを作成せよ。
   小山　足利　栃木　佐野　岩舟　思川　富田　大平下　宇都宮　大宮　東京　上野　郡山　福島　仙台　盛岡

6. ［演算］領域の「○から○までの乱数」ブロックを使うと指定した範囲内の離散一様分布乱数を発生させることができる。これを使ってじゃんけんをするプログラムを作成せよ。

【参考文献】
文部科学省ホームページ「小学校プログラミング教育に関する研修教材」
師啓二・樋口和彦・舩田眞里子・黒澤和人『これからの情報科学』学文社，2018

第3章　統計分析

3.1　教育データの相関（関連性）分析

　個別の教育成果と全体（ある地域や国など）のそれとは何らかの関連をもっていることが考えられる。ここでは，その教育データ間の関連性の方向・程度を分析する。

　教育効果の全体の推移は教育全体の状況を表していることを考えると，個別の教育効果実績が教育全体の動きと何らかの関連をもっているのかを分析することになる。

3.1.1　基本統計量の処理

	A	B	C
1	教育データ		
2	データNo	教育データA	教育データB
3	1	754	1,220
4	2	700	1,274
5	3	690	1,139
6	4	707	1,214
7	5	742	1,327
8	6	752	1,311
9	7	687	1,240
10	8	660	1,213
11	9	601	1,069
12	10	513	721
13	11	449	753
14	12	384	782
15	13	429	767
16	14	384	717
17	15	345	698
18	16	407	778
19	17	433	837
20	18	448	895
21	19	446	852
22	20	473	938
23	平均値	550	987
24	標準偏差	146	232

図 3.3.1

　図3.3.1にある「教育データ A」を個別の教育効果とし，「教育データ B」を全体の推移を表すデータとする。それぞれのデータの平均値と標準偏差を B23 ～ C24 に関数式を入力して

求める。ここでの標準偏差とは各データが平均値からどの程度散らばりをもっているかを測定したものであり，リスクと表現することもある。

たとえば，B24 に入力する関数式は，対象データが母集団の一部（サンプル・データ）であれば，

$$=STDEV.S（B3:B22）$$

となる。

対象データが母集団全体であれば，

$$=STDEV.P（B3:B22）$$

となる（図3.3.1ではサンプル・データとして処理）。

データがガウス分布に従うとすれば，ここで計算した平均値と標準偏差の2つのパラメータによって，データ分布はほぼ完全に特定化することができる。

3.1.2　データの加工（相対データ）

各データの分布はそれぞれ異なった平均値（代表値）と標準偏差（リスク）をもっている。したがって，この分布の違いを調整し相対的比較が可能となるデータに変換する必要がある。

たとえばつぎのような分布のデータで考えてみると，

項目	平均値	リスク
A	0	1
B	0	3

A項目のなかの6というデータはB項目では18というデータに相当することになる。すなわちA項目の6とB項目の18が相対的に等しいことになる。そこでこのような比較が可能なデータ：「相対データ」を用いることによって，項目間の相対的比較，さらには関連性の分析をすることができる。

A項目　　　　6＝平均値（0）＋リスク（1）×⑥

B項目　　　18＝平均値（0）＋リスク（3）×⑥

A項目の6というデータは，平均値 +6倍のリスクに位置するデータであり，B項目の18というデータは平均値 +6倍のリスクに位置するデータであることがわかる。

相対的に等しいデータは「リスクの倍率」が等しくなっていることがわかる。そこで，この倍率をデータとして用いれば比較が可能となる。この倍率を「相対データ（標準化変量）」という。

$$相対データ = \frac{（データ-平均値）}{リスク}$$

でもとめることができる。この計算式の分子を「偏差」という。

	A	B	C	D	E
1		教育データ		相対データ	
2	データNo	教育データA	教育データB	教育データA	教育データB
3	1	754	1,220	1.4	1.0
4	2	700	1,274	1.0	1.2
5	3	690	1,139	1.0	0.7
6	4	707	1,214	1.1	1.0
7	5	742	1,327	1.3	1.5
8	6	752	1,311	1.4	1.4
9	7	687	1,240	0.9	1.1
10	8	660	1,213	0.8	1.0
11	9	601	1,069	0.3	0.4
12	10	513	721	-0.3	-1.1
13	11	449	753	-0.7	-1.0
14	12	384	782	-1.1	-0.9
15	13	429	767	-0.8	-0.9
16	14	384	717	-1.1	-1.2
17	15	345	698	-1.4	-1.2
18	16	407	778	-1.0	-0.9
19	17	433	837	-0.8	-0.6
20	18	448	895	-0.7	-0.4
21	19	446	852	-0.7	-0.6
22	20	473	938	-0.5	-0.2
23	平均値	550	987		
24	標準偏差	146	232		

図3.3.2

【演習問題 3.1】

図3.3.2にあるように計算式を入力して相対データ（標準化変量）を計算せよ。また，相対データ（標準化変量）の平均値と標準偏差を計算しわかったことをまとめよ。

3.1.3　散布図による相関（関連性）分析

図3.3.2に示した相対データを用いて「散布図」を作成すると，2つの項目（2変数）間での相関（関連性）を知ることができる。

もし，ひとつの項目（A）の相対データ（標準化変量）が増加（減少）するときもう一方の項目（B）の相対データ（標準化変量）も増加（減少）する傾向をもっている場合にはそのデータをプロットすると，

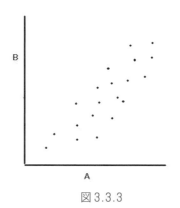

図3.3.3

　図3.3.3のようになり，両者の項目は同じような動きをしていることがわかる。このような相関（関連性）を**順相関**という。それに対して反対の動きをする傾向をもっているとすると図3.3.4のようになり，このような相関（関連性）を**逆相関**という。

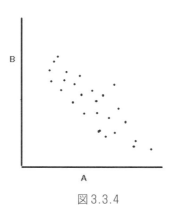

図3.3.4

　順相関の傾向をもつデータと逆相関の傾向をもつデータが混在していて，その割合がほぼ等しいとすると散布図は図3.3.5のようになり，このような関連を**無相関**という。

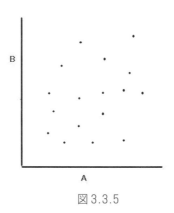

図3.3.5

図3.3.2のなかの相対データ範囲をドラッグし，「挿入」→「グラフ」→「散布図」（ここではメニューから「マーカーのみ」をクリック）を選択して作図しタイトルなどを入力する。

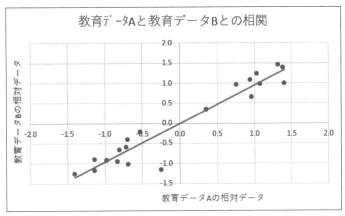

図3.3.6

【演習問題3.2】

　図3.3.6にあるよう相対データ（標準化変量）の散布図を作成せよ。　さらに散布図のなかに「近似曲線（線形近似）」を追加せよ（ヒント　任意の点にマウスを合わせて右ボタンをクリック　メニューから「近似曲線の追加（R）」を選択　「線形近似（L）」を選択）。

　図3.3.6から，教育データAと教育データBとの間にはかなり強い順相関があることがわかり，個別の教育効果が全体に反映されていることがわかる。

3.1.4 相関（関連性）の数値化

同時確率的考え方を基にして，相関（関連性）を数値で表すことができる。2項目間での相対データ（標準化変量）の積合計をもとめてそれを平均すればよい。完全な順相関が存在するならば，この値は +1 になり，完全な逆相関ならば -1，完全な無相関ならば 0 になる。

したがって相関がとりうる値は -1 ～ +1 の範囲となる。

【演習問題 3.3】

図 3.3.7 のように相関係数を求めよ（関連性の数値化）。

相対データ		相対データ積
教育データA	教育データB	
1.4	1.0	1.4
1.0	1.2	1.3
1.0	0.7	0.6
1.1	1.0	1.1
1.3	1.5	1.9
1.4	1.4	1.9
0.9	1.1	1.0
0.8	1.0	0.7
0.3	0.4	0.1
-0.3	-1.1	0.3
-0.7	-1.0	0.7
-1.1	-0.9	1.0
-0.8	-0.9	0.8
-1.1	-1.2	1.3
-1.4	-1.2	1.8
-1.0	-0.9	0.9
-0.8	-0.6	0.5
-0.7	-0.4	0.3
-0.7	-0.6	0.4
-0.5	-0.2	0.1
	積合計	18.2
	相関係数	0.91

図 3.3.7

図 3.3.7 にあるように教育データ A と教育データ B との間の相関係数は +0.91 であるので，かなり強い順相関があることが確認できる。

【演習問題 3.4】

図 3.3.8 にある教育データ（時系列データ）を用いて相関分析をせよ。

	A	B	C	D
1		時系列教育データ		
2	年度	教育データA	教育データB	教育データC
3	2001	10.7	7.1	1.4
4	2002	17.5	9.9	1.2
5	2003	15.9	9.5	1.2
6	2004	11.1	6.5	1.1
7	2005	17.6	10.3	1.1
8	2006	17.0	9.8	1.3
9	2007	18.3	9.4	1.2
10	2008	18.4	9.8	1.2
11	2009	15.7	6.6	1.2
12	2010	10.1	5.9	1.2
13	2011	16.4	9.8	1.3
14	2012	21.0	6.0	1.5
15	2013	18.6	1.5	1.3
16	2014	10.0	3.5	1.4
17	2015	12.4	3.4	2.0
18	2016	11.0	4.1	2.2
19	2017	9.7	5.9	2.1
20	2018	8.0	5.4	2.4
21	2019	9.0	0.7	2.2
22	2020	6.2	2.1	2.0

図 3.3.8

3.1.5　分析ツールの活用

　分析ツールを用いて相関分析を行うこともできる。図 3.3.7 にある相対データを用いて，分析ツールを活用して相関係数を求めてみる。

　分析に用いるデータ範囲（ここでは項目も含めて選択）D2 ～ E22 を選択して，分析ツールを起動し，メニューの中の「相関」を選択して，OK をクリックする。

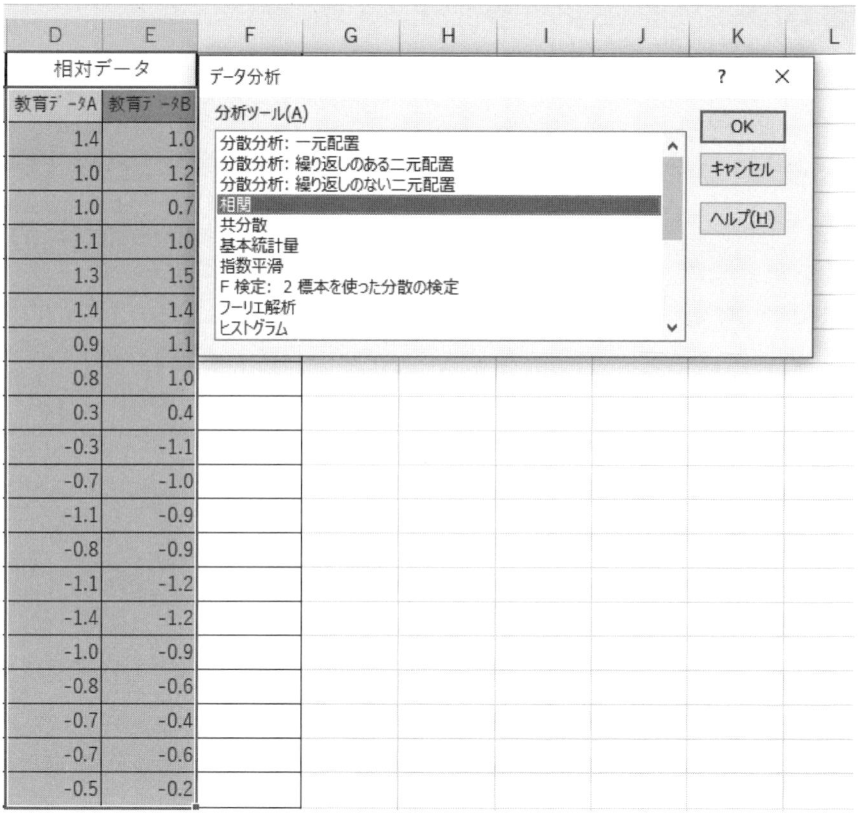

相対データ	
教育データA	教育データB
1.4	1.0
1.0	1.2
1.0	0.7
1.1	1.0
1.3	1.5
1.4	1.4
0.9	1.1
0.8	1.0
0.3	0.4
-0.3	-1.1
-0.7	-1.0
-1.1	-0.9
-0.8	-0.9
-1.1	-1.2
-1.4	-1.2
-1.0	-0.9
-0.8	-0.6
-0.7	-0.4
-0.7	-0.6
-0.5	-0.2

データ分析

分析ツール(A)

- 分散分析: 一元配置
- 分散分析: 繰り返しのある二元配置
- 分散分析: 繰り返しのない二元配置
- 相関
- 共分散
- 基本統計量
- 指数平滑
- F 検定: 2 標本を使った分散の検定
- フーリエ解析
- ヒストグラム

OK　キャンセル　ヘルプ(H)

図 3.3.9

　入力範囲，データ方向，出力先などを確認，設定して OK をクリックすると結果が表示される。

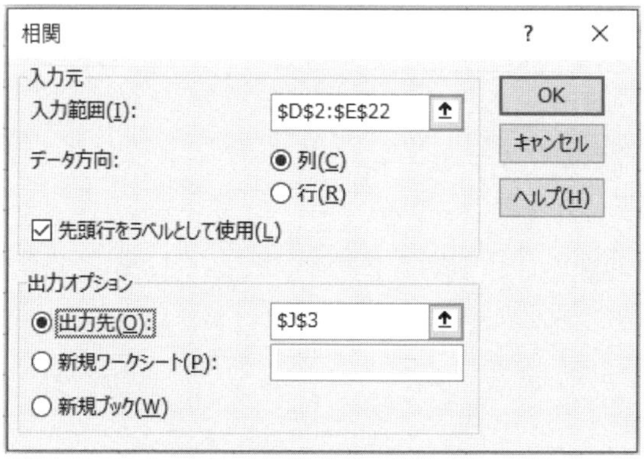

相関

入力元
入力範囲(I): $D$2:$E$22
データ方向: ◉ 列(C) ／ ○ 行(R)
☑ 先頭行をラベルとして使用(L)

出力オプション
◉ 出力先(O): $J$3
○ 新規ワークシート(P):
○ 新規ブック(W)

OK　キャンセル　ヘルプ(H)

図 3.3.10

	教育データA	教育データB
教育データA	1	
教育データB	0.956888	1

図3.3.11

　図3.3.11にあるように教育データAと教育データBとの相関係数は+0.96となっている。図3.3.7にある相関係数の計算結果は+0.91となっており計算結果が異なっている。この理由は分析ツールを用いて相関係数を求めると「自由度調整」が自動的になされるためである。

　（図3.3.7にある積合計値　18.2をデータ数　20ではなく自由度調整後の19で割って相関係数を求めてみると+0.96となることがわかる。）

【演習問題3.5】

　図3.3.8にある教育データ（時系列データ）について，分析ツールを活用して相関分析をせよ。

3.2　教育データの回帰（因果性）分析

　たとえば基礎教育の効果が応用教育にどのような影響をもたらしているのであろうか？といった課題を分析する手法のひとつが回帰分析である。この例示では，基礎教育効果が原因（独立変数）となって応用教育の結果（従属変数）に何らかの影響を及ぼしているのか否かを分析するのが回帰分析手法である。

3.2.1　回帰式の推定

　原因項目と結果項目の関係が一次式で特定できると仮定すると，回帰式の傾きと切片は次の式によって推定できる（最小二乗推定法）。

$$回帰式傾き = \frac{（原因の偏差 \times 結果の偏差）合計}{原因の偏差二乗合計}$$

$$回帰式切片 = 結果平均値 － 回帰式傾き \times 原因平均値$$

	A	B	C	D	E	F
3			元の教育データ			
4	no	年度	A項目	B項目	C項目	D項目
5	1	2010	8.4	188.2	22.7	11.7
6	2	2011	10.2	192.2	22.4	12
7	3	2012	9.2	175.1	22.6	11.2
8	4	2013	9.4	186.5	27	14
9	5	2014	10.1	191.8	26	14.1
10	6	2015	11.4	194.4	26.5	14.1
11	7	2016	9.8	197.4	25.1	12.6
12	8	2017	10	185.6	24.6	11.5
13	9	2018	10.1	199.3	24.6	12.5
14	10	2019	8.8	193.4	24.7	11.3
15	11	2020	5.6	190	28.4	14.4
16		平均値	9.4	190.4	25.0	12.7
17		標準偏差（標本）	1.5	6.6	1.9	1.3

図 3.3.12

　この時系列教育データを用いて回帰式を推定する。ここでは①Ｄ項目を原因（独立変数），Ｃ項目を結果（従属変数）②Ｃ項目を原因（独立変数），Ａ項目を結果（従属変数）として回帰式を推定する。

G	H	I	J	K	L	M	N	O	P
偏差				偏差2乗				偏差積	
A項目	B項目	C項目	D項目	A項目	B項目	C項目	D項目	①DとC	②CとA
-1.0	-2.2	-2.3	-1.0	0.9	4.6	5.1	0.9	2.2	2.2
0.8	1.8	-2.6	-0.7	0.7	3.4	6.6	0.5	1.7	-2.1
-0.2	-15.3	-2.4	-1.5	0.0	232.7	5.6	2.2	3.5	0.4
0.0	-3.9	2.0	1.3	0.0	14.9	4.1	1.8	2.7	0.1
0.7	1.4	1.0	1.4	0.5	2.1	1.1	2.0	1.5	0.8
2.0	4.0	1.5	1.4	4.1	16.4	2.4	2.0	2.2	3.1
0.4	7.0	0.1	-0.1	0.2	49.6	0.0	0.0	0.0	0.1
0.6	-4.8	-0.4	-1.2	0.4	22.6	0.1	1.4	0.4	-0.2
0.7	8.9	-0.4	-0.2	0.5	80.0	0.1	0.0	0.1	-0.3
-0.6	3.0	-0.3	-1.4	0.3	9.3	0.1	1.9	0.4	0.1
-3.8	-0.4	3.4	1.7	14.2	0.1	11.8	3.0	5.9	-12.9
			合計	22.0	435.7	37.0	15.7	20.6	-8.8
							回帰係数	1.3	-0.2
							切片	8.3	15.3

図 3.3.13

①と②の回帰式の推定結果（回帰式の傾きと切片）は図 3.3.13 にあるようになる。

3.2.2 回帰式の説明力（決定係数）

　分析の上でつぎに行う必要がある内容は，回帰式によってどの程度正確に現実を説明しているのかを測定することである。これは決定係数をもとめることによって判断することができる。

　回帰式によって推定した結果と実際の結果との誤差（誤差二乗）を計算することによって決定係数をもとめる。

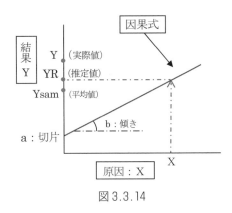

図 3.3.14

　図 3.3.14 にあるように，Y：結果の実際値，YR：結果の推定値　Ysam：結果の平均値とすると，

$$\sum(Y-Ysam)^2 = \sum(Y-YR)^2 + \sum(YR-Ysam)^2 \tag{3.3.1}$$

となり，この式の左辺は全体誤差（誤差二乗）合計であり，この全体誤差は，右辺第 2 項の回帰分析によって減少できた誤差（誤差二乗）と右辺第 1 項の回帰式によっても残っている残存誤差（誤差二乗）とで構成されていることがわかる。

　決定係数としては，全体誤差に対しての回帰式によって減少できた誤差の割合を尺度にすることがわかりやすいので，ここから決定係数は，

$$1 - \frac{\sum(Y-YR)^2}{\sum(YR-Ysam)^2} \tag{3.3.2}$$

となる。残存誤差の割合が 0 に近づくと，決定係数の値は 1 に近くなり，逆の場合には 0 に近くなる。

　先ほどのデータに関して，決定係数を計算する。先ずは結果の推定値を計算する必要がある。この値は，

　　　　　　結果推定値＝回帰式の切片 + 回帰式の傾き×原因の実際値

でもとめることができる。

Q	R	S	T
結果推定値		残存誤差2乗	
①D⇒C	②C⇒A	①D⇒C	②C⇒A
23.7	9.90	1.0	2.3
24.1	9.98	2.8	0.1
23.0	9.93	0.2	0.5
26.7	8.88	0.1	0.3
26.8	9.12	0.7	1.0
26.8	9.00	0.1	5.8
24.9	9.33	0.1	0.2
23.4	9.45	1.4	0.3
24.7	9.45	0.0	0.4
23.2	9.43	2.4	0.4
27.2	8.54	1.4	8.7
	合計	10.1	19.9
	決定係数	0.73	0.10

図 3.3.15

　図3.3.15 にある結果となり，①D 項目を原因としC 項目を結果とした回帰式の決定係数は 0.73 であり，②C 項目を原因としてA 項目を結果とした回帰式の決定係数は 0.10 となり，回帰分析に有効な回帰式は①であることがわかる。

【演習問題 3.6】
　図3.3.12 のデータを用いて①，②以外の組み合わせで回帰分析をせよ。

【演習問題 3.7】
　図3.3.2，図3.3.8 のデータを用いて，回帰分析をせよ。

3.2.3　分析ツールの活用
　相関分析と同様に分析ツールを用いて回帰分析を行うこともできる。
　回帰分析に用いるデータ範囲を選択して，相関分析と同様に分析ツールを起動する。

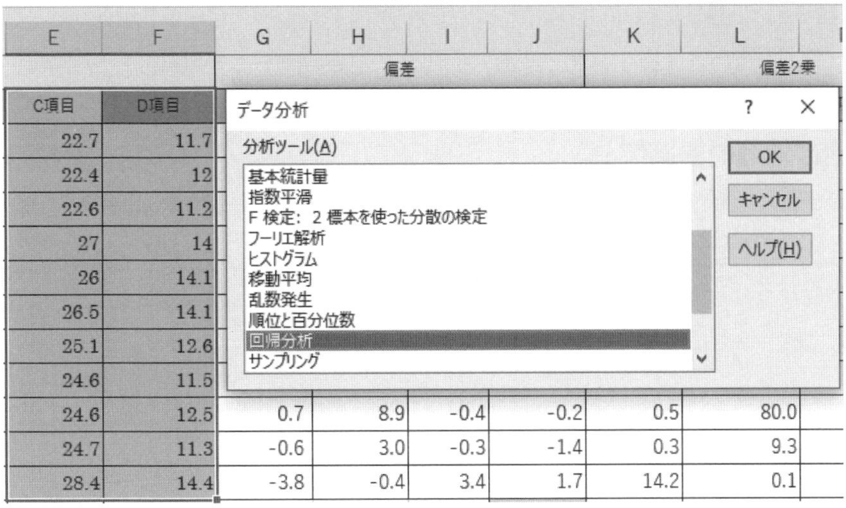

図 3.3.16

メニューの中の「回帰分析」を選択して, $\boxed{\text{OK}}$ をクリックする。

入力 Y 範囲 (Y)：結果項目（従属変数）の範囲，入力 X 範囲（独立変数）の範囲などを設定，確認して $\boxed{\text{OK}}$ をクリックする。

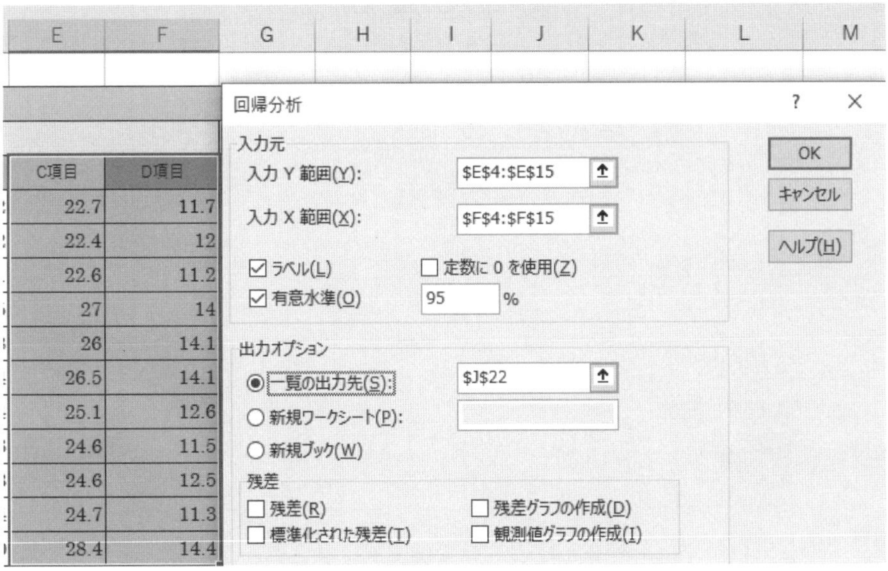

図 3.3.17

【演習問題 3.8】

分析ツールを用いて，図 3.3.2，図 3.3.8，図 3.3.12 のデータで回帰分析をせよ。

3.3 教育資源の最適配分

教育関連資源を最適に配分することは，教育現場においても重要な意思決定である。ここでは教育資源最適配分の考え方の基礎を考察する。

ここで取り上げる意思決定モデルは「線形計画法」である。目的式，制約条件式，非負の条件式からこのモデルは構成されており，すべてが「線形」（一次式）で表される。

3.3.1 線形計画法 - 図解法

ある教育現場で人材配置計画をたてている。配置部門は A, B の 2 種類でありこの部門からもたらされると期待されている単位あたりの教育効果（期待効果）は A=10, B=12 である。

これらの部門は 3 つのセクションから構成されており，各セクションで必要な教育時間ならびに教育稼働時間の上限値（教育資源の制約）はつぎのとおりである。

▲	A	B	C	D
1				
2	教育資源最適配分			
3	教育セクション	配置部門A	配置部門B	教育資源制約
4	1	2	3	1500
5	2	3	2	1500
6	3	1	1	600
7	期待教育効果	10	12	

図 3.3.18

図 3.3.18 にあるデータを「制約条件式」ならびに「目的式 (Z)」という形で表すと，

$$2A+3B \leq 1500 \qquad (1)$$
$$3A+2B \leq 1500 \qquad (2)$$
$$1A+1B \leq 600 \qquad (3)$$
$$Z=10A+12B \qquad (4)$$

となる。この教育現場では (1) (2) (3) の 3 つの制約式で表される制約条件をすべて同時に満たし，そのなかで目的である教育効果の合計 (Z) が最大となる A, B それぞれの配置部門規模を決定すれば教育資源を最適に配分できることになる。

3 つの制約式を図示してみると図 3.3.19 のようになる。作図するためには E 列，F 列で作

図用のデータ計算をしておく必要がある。

F4 には　=$D$4/C4　を入力する（この計算結果は第1セクションでのBの最大値量を求めたことになる）

E4 には　=$D$4-F4*C4　を入力する（B=500 のときには A=0 となる）

E5 には　=$D$4/B4　　を入力

F5 には　=$D$4-E5*B4　を入力

第2第3セクションも同様にして計算すると，作図のための数値が得られる。このデータをつかって散布図を描くと図 3.3.19 のようになる。3つの制約を同時にすべて満たしている範囲が図 3.3.19 のなかの太線で囲まれた範囲で，これを「行動可能範囲」という（配分規模がマイナスになることはないので第1象限のみ）。この行動可能範囲のなかで目的Zが最大となる可能性があるところはこの行動可能範囲の境界線にある点（端点）であるので，どれかの端点にZが最大となる配分規模が示されていることになる。

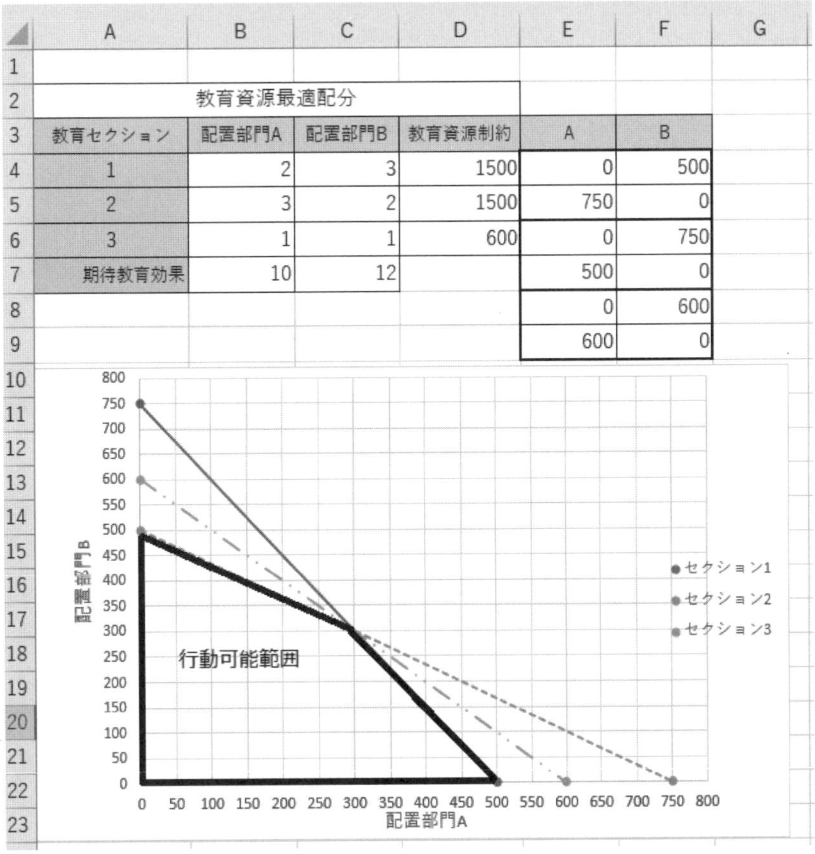

	A	B	C	D	E	F	G
1							
2	教育資源最適配分						
3	教育セクション	配置部門A	配置部門B	教育資源制約	A	B	
4	1	2	3	1500	0	500	
5	2	3	2	1500	750	0	
6	3	1	1	600	0	750	
7	期待教育効果	10	12		500	0	
8					0	600	
9					600	0	

図 3.3.19

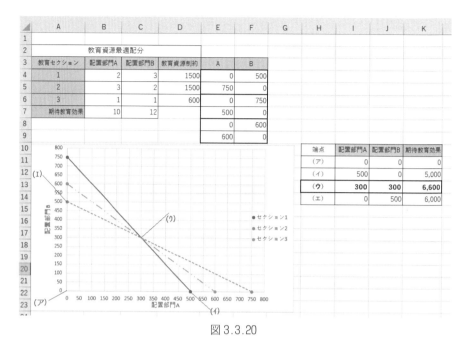

図 3.3.20

　4つの各端点における Z（期待教育効果）を計算すると，端点（ウ）のそれが最大となることがわかり，A=300, B=300 が最適資源配分であることがわかる。

3.3.2　線形計画法 - 代数法

　図解法によって線形計画法の基本的考え方をみることはできたが，実際の意思決定に図解法を用いることは現実的ではない（変数の数が限定的であるので）。

　そこで代数的に展開をしてこの意思決定モデルの操作性を確認する必要がある。図解法で用いた数値例を代数法で展開するためには不等式を等式にする必要がありそのために「スラック変数」と呼ばれる変数を導入する。このスラック変数は教育資源の活用状況（遊休状況）を示す変数である。

$$S1 = 1500 - 2A - 3 \qquad (1) \qquad 1500/3 = \boxed{500}$$
$$S2 = 1500 - 3A - 2B \qquad (2) \qquad 1500/2 = 750$$
$$S3 = 600 - 1A - 1B \qquad (3) \qquad 600/1 = 600$$
$$Z = 10A + \boxed{12B} + 0S1 + 0S2 + 0S3 \qquad (4)$$

　制約式をスラック変数について表す（解く）と（1）～（3）となる。スラック変数は目的（Z）に対して中立であるので目的式のなかでの係数はゼロとなっている。

　Z に最大の貢献をする部門Bに注目し，(1)，(2)，(3) 式から各セクションでのBへの最大配分規模を求めると上記にあるように，500, 750, 600 となる。すべての制約を同時に満たす必

要があるので，Bの最大配分規模は，B=500 となる。B=500 のときには第1セクションでの資源を使い切ってしまうので，Aへの配分規模はゼロ，A=0 となる。したがって

$$\boxed{A=0, \ B=500}$$ の生産計画が最適であるか否かを判定する

そのためには，(1) 式をBについて解き

$$B = 500 - \frac{2}{3}A - \frac{1}{3}S1 \qquad (5) \qquad 500 / \frac{2}{3} = 750$$

この (5) 式を (2)，(3) 式に代入する

$$S2 = 500 - \frac{5}{3}A + \frac{2}{3}S1 \qquad (6) \qquad 500 / \frac{5}{3} = \boxed{300}$$

$$S3 = 100 - \frac{1}{3}A + \frac{1}{3}S1 \qquad (7) \qquad 100 / \frac{1}{3} = \boxed{300}$$

この (5)，(6)，(7) 式を目的式に代入して判定式をつくると

$$Z = 6000 + 2A - 4S1 \qquad (8) \qquad (判定式)$$

判定式の中にプラスの符号の変数があるので最適ではないことがわかる。したがって判定式のなかにプラス符号の変数が無くなるまで，この手順を繰り返す。手順はつぎのようになる。

---

* (8) の中で Z に最大の貢献をする変数に注目する
* A に注目をし，(5)，(6)，(7) 式から A の最大配分規模を求める
* A = 300，(6) 式あるいは (7) 式を A について解く（ここでは (7) 式を選択）

$$A = 300 + S1 - 3S3 \qquad (9)$$

* (9) 式を (5)，(6) 式に代入

$$B = 300 - S1 + 2S3 \qquad (10)$$
$$S2 = -S1 + 5S3 \qquad (11)$$

* $\boxed{A=300, B=300}$ が最適であるか否かを判定
* (9)，(10)，(11) を目的式に代入して判定式をつくる

$$Z = 6600 - 2S1 - 6S3 \qquad (12)（判定式）$$

* 判定式の中にプラスの符号の変数がないので最適である
* 最適配分規模は，A = 300，B = 300 であり，その時の期待教育効果は 6,600 である

3.3.3 線形計画法 - シンプレックス法

「単位行列」の性質を活用して，代数法の展開を効率的にした解法がシンプレックス (simplex) 法である。

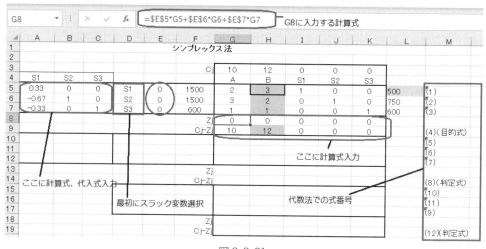

図 3.3.21

シンプレックス法での処理手順 1（最初のステップ）

① G3 ～ K3 に期待教育効果（貢献度）を入力する（スラック変数の期待値はゼロ）。

② G5 ～ K7 に制約条件式の係数を入力する。スラック変数については，たとえば S1 は第 1 セクションの制約に入っているスラック変数なので，I5 には 1，I6 ならびに I7 には 0 を入力

③ F5 ～ F7 には各セクションでの教育資源の上限値（最大量）を入力。

④ D5 ～ D7 には最初に選択する変数の代入式を入力（=I4, =J4, =K4）。最初はスラック変数を選択する（すなわち何も配分しない状態からスタートする）。

⑤ E5 ～ E7 にはその期待教育効果の代入式を入力（=I3, =J3, =K3）。

⑥ G8 に E5, E6, E7 の数値と G5, G6, G7 の数値の行列演算の計算式（=$E$5*G5+$E$6*G6+$E$7*G7 すなわち数値＝要素同士を乗じて合計する計算式）を入力して残りのセルにコピーする。

⑦ G9 に各変数の本来の期待利益と今の状態での利益との差を求める計算式（=G3-G8）を入力し，残りのセルにコピーする。この値がプラスである場合にはまだ改善の余地があることを意味する（最適な教育資源最適配分ではないことを意味する）。

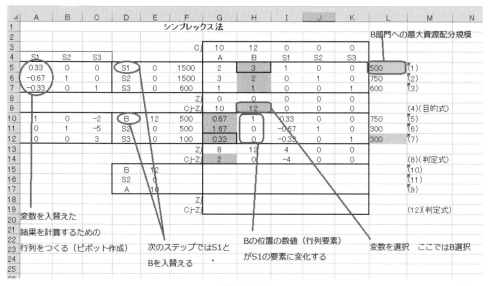

図 3.3.22

シンプレックス法での処理手順 2 (2 番目以降のステップ)

① G9 ～ K9 の中からプラスで最大値を選択しその位置にある変数 (ここでは B) の最大配分規模をもとめる。すなわち L5 に計算式 (=F5/H5) を入力して残りのセルにコピーすると，B=500 が B の最大配分規模であることがわかる。この行の位置にある変数 (D5 の変数　ここでは S1) と入れ替える (ここでは　B と S1 を入替える)。

② このステップで選択した変数は B であり，それを S1 と入れ替えるということは B の数値＝要素である

$$3$$
$$2$$
$$1$$

が S1 の数値＝要素

$$1$$
$$0$$
$$0$$

に変化することになる。

③ そこで，A5 に H5 の逆数をもとめる計算式 (=1/$H$5) を入力する，すなわち行列演算するとこの位置の数値＝要素は 1 になる。A6 には演算結果がゼロになる計算式 (=$A$5*H6*(−1)) を入力して残りのセルにコピーする。入れ替えしなかった位置の数値＝要素は (ここでは S2, S3 の数値＝要素) 変化しない。

④ A5 〜 C7 にある数値 = 要素を「ピボット (pivot)」という。このピボットを使って演算すれば変数の入替えにともなう制約式の中の係数の変化などをもとめることができる。

F10 に　　=$A$5*F5+$B$5*F6+$C$5*F7　を入力し残りのセルにコピーする

F11 に　　=$A$6*F5+$B$6*F6+$C$6*F7　を入力し残りのセルにコピーする

F10 に　　=$A$7*F5+$B$7*F6+$C$7*F7　を入力し残りのセルにコピーする

⑤ D10 〜 E12 には代入式を入力する。

⑥ G14 〜 K14 の数値にプラスのものがあるので，まだ最適な生産量が求まっていないことがわかる。先ほどと同様にして処理すると，次のステップでは A と S3（あるいは S2）との入替えが必要であることがわかる。

⑦ 入替えがなかった位置の数値 = 要素は代入式によって初期の状態（単位行列）にする（図3.3.23 では A10 〜 A12，C10 〜 C12 に代入式を入力）。

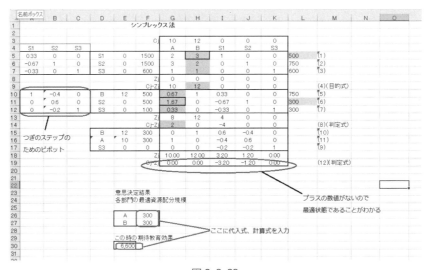

図 3.3.23

【演習問題 3.9】

　つぎの数値例での最適生産量をシンプレックス法でもとめよ。

　A，B　2教育部門に教育資源配分の最適規模の決定。α，β，γ の3つの専門職がある。各専門職に在籍している教員は $\alpha = 283$ 人，$\beta = 561$ 人，$\gamma = 403$ 人である。A 部門教育には $\alpha = 3$ 人，$\beta = 4$ 人，$\gamma = 13$ 人が必要であり，B 部門教育に関してはそれぞれ 8, 17, 3 人が必要である。部門 A，B 各々のひとつあたりの期待教育効果は A=2，B=3.5 である。なお本来の専門職に就くことができなかった場合に発生する損失（機会損失）は $\alpha = 0.3$，$\beta = 0.2$，$\gamma = 0.1$ であると見積もられている。教育 A，B への最適資源配分規模をもとめよ。またそのときの期待教育効果ももとめよ。

【参考文献】

　師啓二・樋口和彦・舩田眞里子・黒澤和人『情報科学の基礎と活用』同友館，2006

　師啓二・樋口和彦・舩田眞里子・黒澤和人『現代の情報科学』学文社，2010

　高橋信・上地優歩・ウェルテ『マンガでわかるベイズ統計学』オーム社，2017

　森崎初男・松原望『経済データの統計学』オーム社，2014

　師啓二・樋口和彦・舩田眞里子・黒澤和人『これからの情報科学』学文社，2018

第4章 Pythonを用いたプログラミング

プログラミング言語 **Python**[1] は，オランダ人**グイド・バァンロッサム**（*Guido van Rossum*, 1956-）により 1991 年にリリースされたインタプリタ型のオブジェクト指向プログラミング言語である。この言語は「容易かつ直観的な言語で，主要なプログラミング言語と同程度に強力」で，「オープンソース」であり，「平易な英語のように分かりやすく」，「日常的タスクに適しており，開発時間を短くできる」ことを目指して開発された。Numpy（ナンパイ），Scipy（サイパイ），Pandas（パンダス），Matplotlib（マットプロットリブ）などの豊富なモジュールの存在によりデータサイエンス領域，ディープラーニング等の人工知能（AI）領域などの実用的なプログラミングに利用されている。一方，そのわかりやすさから，過去には，小学生のプログラミング言語の学習にも採用されるなどして話題となった。本章では Python の基本的文法とプログラミングに関して学習する。

4.1 Python 入門

4.1.1 Python とプログラミングの環境

Python は現在，Python ソフトウェア財団（Python Software Foundation）により開発・維持されているフリーソフトである。開発の経緯から Python2 系（2000 年以降），3 系（2008 年以降）の 2 系統が使用されているが，両系は文法の一部が異なっており，2 系のサポートは 2020 年までである。そこで本章では Python3 系を学ぶことにする。また動作環境としては Jupyter Notebook を使用する。

Python 及び Jupyter Notebook は Anaconda ディストリビューションからパッケージをダウンロード（https://www.anaconda.com/）することができる。以下の説明は，Jupyter Notebook の環境下でプログラムを作成することを前提とする。

4.1.2 Jupyter Notebook の起動と Notebook の作成

次の手順で Jupyter Notebook を立ち上げる。

① Windows のスタートボタンから Anaconda3 を選び，サブメニュー中の Jupyter Notebook を選択して起動する。

---

1) イギリス BBC 作成のコメディ番組「空飛ぶモンティ・パイソン（Monty Python's Flying Circus）（1969 〜 1974）」に由来。

② 右上［New］からプルダウンメニューを開き［Notebook:］の［Python3］を選択する。

　画面の「jupyter」から始まる1行目が「タイトル」,「File」から始まる2行目が「メニュー」3行目のアイコンの並びが「ツールバー」である。「メニュー」の各項目をクリックすると，プルダウンメニューが開き，必要な項目を選択して実行する。

③ 左上の［Untitiled］を［Practice1］とし,「Enter」キーもしくは［Rename］をクリックする（Notebook の名称の設定）。

4.1.3　簡単なプログラミングと実行

　前節の処理を終了すると，In［ ］: と右の空欄から成るコードセルが開く。次の一連の操作を行ってみよう。ただし，Python では，整数，浮動小数点数，ブール値，文字列などをオブジェクト（object）として実装している。

【文字列の表示】

① コードセルに「print（'Hello Python!'）」と入力する。

② ［Shift］と［Enter］キーを同時に押す，もしくは「ツールバー」の［Run］をクリックして実行する。コードセルの下に「Hello Python!」と出力されていることを確認する。エラーメッセージが出力される場合は，入力したセルのエラー部分を修正し，再び実行する。正常な結果が出力されるまで「修正」,「実行」の手順を繰り返す。

　「print（）」は（）内に与えられる文字列や数字を**実引数**（argument）とする**関数**（function）である。標準で使用できる関数は**組込み関数**（built-in function）と呼ぶ。

【オブジェクトへの参照名（変数）の割り当てと演算】

① 命令一つひとつを**文**（statement）と呼ぶ。以下の3文をひとつのコードセルに入力し，実行する。最初の2文は，10と5という値（オブジェクト）にそれぞれ a と b という名前（a, b の定義）を与える**代入文**（assignment statement），3行目は2つの変数に代入された数値の加算を行う**式**（expression）である。式は文でもある。

```
a = 10
b = 5
a + b
```

　このようにひとつのコードセルに複数の文を書くことができる。複数の文から成るコードセルを実行した場合は最後の文の実行結果が表示される。Python では，変数はオブジェクトを参照する名前で，変数名に割り当てられたメモリに値が代入されるわけではない。しかし，数学における変数の代入と同様な見かけ上の結果が得られる。

表3.4.1はPythonにおける基本的な**算術演算子**である。演算子には乗算は加算に優先して実行されるというような**優先順位**（表3.4.1右欄，最も優先順位が高いものが1）がある。

表3.4.1　基本的な算術演算子と優先順位

演算子	書き方	名称	意味	優先順位
+	x + y	加算演算子	x の値に y の値を加えた値を生成	4
−	x − y	減算演算子	x の値から y の値を減じた値を生成	4
*	x * y	乗算演算子	x の値に y の値を乗じた値を生成	3
/	x / y	除算演算子	x の値を y の値で除した値を生成（演算は実数）	3
//	x // y	切捨て演算子	x の値を y の値で除した値を生成（小数部切捨て）	3
%	x % y	剰余演算子	x の値を y の値で除したときの剰余の値を生成	3
+	+x	単項 + 演算子	x そのものの値を生成	2
−	−x	単項 − 演算子	x の符号を反転した値を生成	2
**	x ** y	べき乗演算子	x の値を y 乗した値を生成	1

【変数の型】

コンピュータの内部で文字（列）や数値は異なる一定のルールで表現されている。プログラミング言語では，この区別を**型**（type）として識別している。Pythonでは，数値を表す型は「**int 型**（整数を表す型）」「**float 型**（実数を表す浮動小数点型）」「**complex 型**（複素数を表す型）」の3種類である。C言語やJavaのような型を明示的に記述する言語（**静的型つき言語**）もあるが，Pythonでは変数の型は自動で割りつけられ，変化する（**動的型つき言語**）。

【文字列の入力と値の変換】

文字列の入力には「**input 関数**」を使用する。「input 関数」はキーボードから文字列を読み込み，その文字列を出力する関数である。文字列を整数，実数値へ変換するには，それぞれ「**int 関数**」「**float 関数**」を使用する。これらの関数は引数の文字である数字をそれぞれ整数，浮動小数点型の実数に変換する。

① 次の文を1文ずつ入力・実行し，出力を確認しなさい。ただし，a は 10（整数），b は 5.2（実数）とすること。

```
s = input('a : ')
a = int(s)
print('a : ', a)
s = input('b : ')
b = float(s)
print('b : ', b)
a + b
```

【演習問題 4.1】(1) 〜 (3) の指示に従い演習を行いなさい。

(1) 2, −3 をそれぞれ x, y と定義する代入文を書き実行しなさい (出力はない)。

(2) 表 3.4.1 の演算子を用いた式をそれぞれ書き, 一文ずつ実行しなさい。

(3) 次の文をコードセルに一文ずつ入力して実行しなさい。また, 実行結果から確認できることを書きなさい。ただし type ( ) はかっこ内のデータの型を返す関数である。

type (x)

x = x / y

type (x)

4.1.4 分岐処理

　ある条件が成立するか否かにより処理の内容を変えたい (分岐処理したい) 場合に使用する文が if 文 (if statement) である (表 3.4.2)。条件を示す判定式が正しい場合のみある処理をするのが表 3.4.2 の最初の **if 文**, 2 通りの場合分けをし, 処理 1, 2 を仕分けるのが 2 番目の **if-else 文**, 最後が 2 個を超える複数の場合分け (多分岐) の処理を行う **if-elif-else 文**である。elif が else if の省略形であることは簡単に推定されるだろう。判定式は**値比較演算子** (value comparison operator) (表 3.4.3) や**論理演算子** (bool operator) (表 3.4.4) を用いて記述する。処理の記述は, if や else に対して 1 個以上の字下げ (indentation) を行うことで識別される。Jupyter Notebook では自動的に 4 個の字下げが行われる。本書でも 4 個の空白を置くことにする。if 文は入れ子 (if 文の中に if 文を書く) 構造にすることが可能である。

表 3.4.2　if 文の構文

if 文	if-else 文	if-elif-else 文
if　判定式： 　　処理	if　判定式： 　　処理 1 else： 　　処理 2	if　判定式 1： 　　処理 1 elif　判定式 2： 　　処理 2 　　　⋮ elif　判定式 n： 　　処理 n else： 　　処理 n+1

　判定式は，判定式の内容が正しければ，真であることを意味する「True」，偽であれば「False」という値（評価値）を返す。「True」と「False」は**論理型**（bool type）の変数がとり得る値である。

表 3.4.3　比較演算子の記法，意味，評価値（優先順位は全て同じ）

比較演算子	記法	意味	評価値
==	x == y	変数 x と y の値が等しい	式が正しい場合 True， 式が正しくない場合 False
!=	x != y	変数 x と y の値が等しくない	
<	x < y	変数 x の値は y の値より小さい	
<=	x <= y	変数 x の値は y の値以下	
>	x > y	変数 x の値は y の値を超える	
>=	x >= y	変数 x の値は y の値以上	
in	x in y	変数 x の値が y の要素である	

表 3.4.4　論理演算子の記法，意味，評価値と優先順位

論理 演算子	記法	意味と評価値	優先 順位
not	not x	x が真ならば False，偽ならば True	1
and	x and y	x を評価して偽ならば False，そうでなければ y を評価してその値	2
or	x or y	x を評価して真ならば True，そうでなければ y を評価してその値	3

　表 3.4.1，表 3.4.3，表 3.4.4 に含まれる各演算子の優先順位は表中に示したが，演算子の表間の優先順位は，表 3.4.1 が最も高く，次に表 3.4.3，最後に表 3.4.4 の順である。優先順位を変える場合，または優先順位を明確に示す場合は（ ）を使用することができる。（ ）は適切に使用し，優先順位がわかりやすい式を書くことが望ましい。

【if 文の例】入力した数の偶奇によりそれぞれ「even number」，「odd number」と表示する if 文

```
n = int(input('number : '))
if n % 2 == 0:
 print('even number')
else:
print('odd number')
```

【演習問題 4.2】 次のプログラムを作成して実行しなさい。

(1) 読み込んだ 2 個の数をそれぞれ x, y とし，その大小関係に従い「x > y」「x = y」「x < y」と表示するプログラム。

(2) 1 ～ 12 の整数をひとつ読み込み，その値を変数 month とし，month の値により，次のようなメッセージを表示する。

     12 または 1 または 2 のとき「Winter」， 3 ～ 6 のとき「Spring」，

     7 または 8 のとき「Olympic, Paralympic」，9 ～ 11 のとき「Autumn」

4.1.5　反復処理

　類似した処理を繰り返し行いたい場合に使用するのが while 文と for 文である。**while 文**の構文が表 3.4.5 の左欄にある。右欄は while 文の使用例であるが，どの文が，それぞれ「初期設定」，「式（反復を制御する式）」，「処理」，「更新」にあたるかを確認しなさい。反復回数を指折り数えるイメージで反復を制御する変数（カウンタ用変数）を finger とした。while 文で反復される処理が字下げにより示されていることに注意する。

表 3.4.5　while 文の構文と例

while 文	while 文の例（5 個のデータを入力して合計を求めるプログラム）
初期設定 while　式： 　処理 　更新	sum = 0 n = 5 finger = 1 while finger <= n: 　　sum = sum + int(input('number : ')) 　　finger = finger + 1 print('total : ', sum)

　反復処理を行うもうひとつの文が **for 文**（表 3.4.6 の左欄）である。表 3.4.6 右欄に while 文の例と同じ処理を行う for 文のプログラム例を示した。関数 **range(　)** は，range(n) で 0, 1, …, n-1 という数列を作成する。表 3.4.6 右欄の for 文は，finger が 0, 1, 2, 3, 4 の範囲の各値につ

いてデータを入力して整数に変換し，sum に加える処理を実行する。finger を 1, 2, …, 5 の範囲で反復したい場合は range(n) を range(1, n+1) とすればよい。

表3.4.6　for 文の構文と for 文の例

for 文	for 文の例（5 個のデータを入力して合計を求めるプログラム）
for 反復条件： 　　処理	sum = 0 n = 5 for　finger　in　range(n): 　　　sum = sum + int(input('number : ')) print('total : ', sum)

【演習問題 4.3】 次のプログラムを作成し，実行しなさい。

(1) 表 3.4.5 右欄のプログラムの while 文に，反復中の finger と sum の値を表示する処理を加えたプログラム。

(2) 表 3.4.6 右欄のプログラムの for 文に，反復中の finger と sum の値を表示する処理を加えたプログラム。

(3) 表 3.4.6 右欄のプログラムの finger in range(n) の finger が，1，2，…，n について処理するように変更したプログラム。

4.2　アルゴリズムとプログラミング

　第 I 部の第 3 章で記述したユークリッドの互除法のアルゴリズムを学習したが，見直してほしい。このアルゴリズムの記述では処理を行ってから反復を判断（Step4）している。このアルゴリズムに自然に対応するプログラムを書こうとすると do 〜 while 文，repeat 〜 until 文など（後判定の繰り返し文）があると便利であるが，Python では while 文と for 文（前判定繰り返し文）は提供されているが，後判定繰り返し文は提供されていない。そこで，アルゴリズムの「方法」を表 3.4.7 左欄のように書き換える。ただし，「入力」と「出力」は第 I 部の第 3 章と同じである。

　このような書き換えを行うとアルゴリズムに対応したプログラムは表 3.4.7 右欄のようになり，その対応関係からプログラムがアルゴリズムを実現していることがわかる。

表3.4.7　ユークリッドのアルゴリズムの方法の記述とプログラム

ユークリッドのアルゴリズムの方法：	プログラム
Step1：m, n の値を入力する．	`n = int(input('n : '))` `m = int(input('m : '))`
Step2：m ÷ n の余りを r とする．	`r = m % n`
Step3：r が正ならば Step5 へ進み，そうでなければ Step4 を繰り返す．	`while  r > 0:`

Step4：n の値を m に代入し，r の値を n に代入し，m ÷ n の余りを r に代入する．	`    m = n`
	`    n = r`
	`    r = m % n`

Step5：n の値を出力する．	`print('Greatest common divisor : ', n)`
Step6：end.	

【演習問題3.4】 次のプログラムを作成し，実行しなさい．

(1) 表3.4.7 のプログラムに，計算途中の m, n, r の値を表示する文を加えたプログラム．

(2) 315 と 231 の最大公約数を求めるプログラム．

(3) 2899441 と 2685091 の最大公約数を求めるプログラム．

問1 表3.4.7 のプログラムの出力が1の場合，入力した2数の関係を答えなさい．

4.3　基本統計量の計算

　この節では，母集団の分布の特徴を表す基本統計量を求めるプログラムを作成する．

　統計学では対象とする集合（母集団）もしくはその一部を標本として取り出した部分集合について，目的に応じた変数（統計量）を用いて母集団の特徴づけを行う．その際によく使用される平均や分散などの数値を**基本統計量**と呼ぶ．データを x_i $(i = 1, 2, \cdots, n)$ とするときデータの分布の特徴を表す統計量には次のようなものがある．

【データの分布の中心を示す統計量】

(1) **平均**（mean） $\quad\quad\quad\quad\quad\displaystyle \bar{x} = \frac{1}{n}\sum_{i=1}^{n} x_i$

(2) **中央値**（median） $\quad\quad\quad$ データを大きさの順に並べた時

　　　　　　　　　　　　　　　n が奇数ならば $(n+1)/2$ 番目のデータの値

　　　　　　　　　　　　　　　n が偶数ならば $n/2$ 番目と $n/2+1$ 番目のデータの平均

【データの分布のばらつきに関する統計量】

(3) **不偏分散**（unbiased variance） $\quad\displaystyle s^2 = \frac{1}{n-1}\sum_{i=1}^{n}(x_i - \bar{x})^2$

(4) **標準偏差** (standard deviation) $\qquad s = \sqrt{s^2} = \sqrt{\dfrac{1}{n-1}\sum_{i=1}^{n}(x_i - \overline{x})^2}$

(5) **範囲** (range) （最大値）－（最小値）

(6) **最大値** (maximum) データの最大値

(7) **最小値** (minimum) データの最小値

【分布の形状を示す統計量】

(4) **歪度** (skewness) $\qquad \dfrac{n}{(n-1)(n-2)}\sum_{i=1}^{n}\left(\dfrac{x_i - \overline{x}}{s}\right)^3$

(5) **尖度** (kurtosis) $\qquad \left\{\dfrac{n(n+1)}{(n-1)(n-2)(n-3)}\sum_{i=1}^{n}\left(\dfrac{x_i - \overline{x}}{s}\right)^4\right\} - \dfrac{3(n-1)^2}{(n-2)(n-3)}$

100 人のクラスから 10 人のテストの結果を取り出したデータが以下のとおりであるとする。

98，75，62，83，76，85，92，81，67，73

このデータ（標本）の平均（**標本平均**）と不偏分散を Python のプログラムを作成して求めることにする。データは**リスト**（list）と呼ばれるデータ構造を用いて表すことにする。リストはひとつの変数名で複数のデータを表現でき，リストに含まれる各データである**要素**（element）は**添え字**（インデックス，index）により先頭から順に 0，1，2，…で識別される。リストは従来のプログラミング言語（C 言語や Java など）における配列に似ているが，各要素の型が同一でなくてもよく，長さも可変であるなど自由度が高い。

表 3.4.8 は標本平均と標本の不偏分散を求めるプログラムである。リスト x の中の個々のデータは，最初の 98 が x[0] で，次の 75 が x[1] でというように x[i]（i は添え字）の形で表すことができる。＃で始まる行はコメント行である。

表 3.4.8　標本平均と標本の不偏分散を求めるアルゴリズム

標本平均を求めるプログラム	不偏分散を求めるプログラム（部分）

x = [98, 75, 62, 83, 76, 85, 92, 81, 67, 73]
n = 10
 	
sum = 0
for i in range(n):
   sum = sum + x[i]
 	
mean = sum / n
print('mean = ', mean)
	# 左のプログラムの続き
	
	sum = 0
	for i in range(n):
	   sum = sum + (x[i] - mean) ** 2
	
	variance = 1 / (n - 1) * sum
	print('variance = ', variance)

【演習問題 4.5】 次のプログラムを作成し，実行しなさい。

(1) 表 3.4.8 のプログラムに，データの歪度を求めるプログラムを加えたプログラム。

(2) 設問 (1) のプログラムに，データの尖度を求めるプログラムを加えたプログラム。

　歪度は分布の偏りを表している。0 のとき左右対称で，正のとき右側の裾が長く，負のとき左側の裾が長い。尖度は分布の尖り具合を表し，0 のとき正規分布と等しく，正の場合，正規分布より尖って (平均に集中して) おり，負の場合，正規分布よりもなだらかな (尖っていない) 分布であることを示している。

4.4　ソーティング

　検索エンジンにキーワードを入力すると，関連情報 (項目) が順番に表示される。これは項目が予め何らかの基準で順番に並べられていることを意味する。この例にみるまでもなくデータを一定の基準により並べることは，日常的に行われているデータ処理である。前節の基本統計量の中央値も，データを大きさの順に並べることにより求めることができる。データを大きさの順に並べることを**ソーティング** (sorting) という。データが小さい値から大きな値へ並べられている順序を**昇順** (increasing order)，逆を**降順** (decreasing order) と呼ぶ。よく知られたソートのアルゴリズムは複数存在するが，次は**バブルソート** (bubblesort) と呼ばれる最も基本的なソーティングのアルゴリズムである。このアルゴリズムのプログラムの一例が表 3.4.9 である。データは前節で使用したものと同様な値を使用している。アルゴリズムとプログラムの対応関係を確認してほしい。

[アルゴリズム]　バブルソート

入力：データ数　n，並べ替えたいデータ x_i $(i = 0, 1, \cdots, n-1)$.

出力：並べかえたデータ x_i $(i = 0, 1, \cdots, n-1)$.

方法：Step1　データ x_i $(i = 0, 1, \cdots, n-1)$，データ数 n の入力.

　　　　Step2　i を 1 から $n-1$ まで繰り返す.

　　　　　Step3　j を $n-1$ から i まで繰り返す.

　　　　　　Step4　$x_{j-1} > x_j$ ならば x_j と x_{j-1} を入れ替える.

　　　　Step5　x_i $(i = 0, 1, \cdots, n-1)$ を出力する.

　　　　Step6　end.

表3.4.9　バブルソートによるデータの並べ替えのプログラム例（昇順）

```
x = [98, 75, 62, 83, 76, 85, 92, 81, 67, 73]
n = 10


for  i  in  range(1, n):
    for  j  in  range(n-1, i-1, -1):
        if x[j-1] > x[j]:
            tmp = x[j-1]
            x[j-1] = x[j]
            x[j] = tmp


for  i  in  range(n):
    print('x[', i, '] = ', x[i])
```

　プログラム中の range(n-1, i-1, -1) は n-1, n-2, …, i の数列を示している。これを含む for 文
はこの数列の各値となる j に対してその下の if 文を逐次実行することを意味している。

【演習問題 4.6】 次のプログラムを作成し，実行しなさい。

(1)表 3.4.9 のプログラムを変更し，データを降順に並べるプログラム。

(2)表 3.4.9 のデータの中央値を求めるプログラム。ただし，データ数が奇数個でも偶数個で
　も中央値が正しく求められるようにすること。また，数値を整数化したい場合も int( ) 関
　数を使用することができる。int(x) は x の小数点以下を切り捨てた整数値を与える。

4.5　関数の定義と実行

　これまで print 関数，input 関数などの標準で組み込まれている関数を使用してきたが，関
数はプログラム作成者も定義し，呼び出して使用することができる。ひとつの機能をもったプ
ログラム部分を関数で実現することは，プログラムの部品化に役立つだけでなくわかり易いプ
ログラムを書くことにも役立つ。関数は，次のように定義する。

```
def  関数名（引数）:
    処理内容の記述
```

　表 3.4.10 の左欄は平均と分散を求める関数の定義とその呼び出しの例である。関数は関数
呼び出しの前に定義しておく必要がある。関数の定義の中の x，n などを仮引数，呼び出し側
の x，n を実引数と呼ぶ。x，n の値は，関数定義後の代入文で与えられている。

表 3.4.10 の右欄も左欄のプログラムと同等の処理を行うプログラムである。x, n の値は関数の外部で設定されている。これらの変数は**広域変数**（global variable）と呼ばれ，このプログラム全体で有効となる。変数の有効な範囲のことを変数の**通用範囲（スコープ）**と呼ぶ。したがって関数の引数として x, n, mean がなくても正しく計算される（表 3.4.10 の右欄）。

表 3.4.10　平均と分散を求める関数と関数呼び出し

平均と分散を求める関数の定義と呼び出し	広域変数を使用した場合の関数
| ```python
def cal_mean(x, n):
    sum = 0
    for  i  in range(n):
        sum = sum + x[i]
    return  sum / n

def cal_variance(x, n, mean):
    sum =0
    for  i  in range(n):
      sum = sum + (x[i] - mean) ** 2
    return  1 / (n - 1) * sum

x = [98, 75, 62, 83, 76, 85, 92, 81, 67, 73]
n = 10

mean = cal_mean(x, n)
print('mean : ', mean)

variance = cal_variance(x, n, mean)
print('variance : ', variance)
``` | ```python
def cal_mean():
    sum = 0
    for  i  in range(n):
        sum = sum + x[i]
    return  sum / n

def cal_variance():
    sum =0
    for  i  in range(n):
      sum = sum + (x[i] - mean) ** 2
    return  1 / (n - 1) * sum

x = [98, 75, 62, 83, 76, 85, 92, 81, 67, 73]
n = 10

mean = cal_mean()
print('mean : ', mean)

variance = cal_variance()
print('variance : ', variance)
``` |

【演習問題 4.7】 (1)，(2) の演習を行いなさい。

(1) 表 3.4.10 の左右の欄のプログラムを入力して実行し，答えが一致するかを確認しなさい。

(2) 関数を用いて中央値，歪度，尖度を求めるプログラムを作成し実行しなさい。

4.6　グラフの作成

10 人のクラスの科目 X と Y の成績が次のように与えられたとする。

科目 X：98,　75,　62,　83,　76,　85,　92,　81,　67,　73

科目 Y：45,　77,　91,　72,　80,　68,　53,　77,　90,　80

2 科目の値の関係を散布図で示すことにする。表 3.4.11 左欄は Python で散布図作成のプログラム例，右欄はこのプログラムで作成した散布図である。

表3.4.11　科目ＸとＹの散布図作成のプログラムと出力の散布図

散布図作成プログラム	No	出力の散布図
`import matplotlib.pylab as plt`	①	
`x = [98, 75, 62, 83, 76, 85, 92, 81, 67, 73]` `y = [45, 77, 91, 72, 80, 68, 53, 77, 90, 80]`	②	
`plt.scatter(x, y)`	③	
`plt.xlabel('X')`	④	
`plt.ylabel('Y')`		
`plt.title('Relation betweem X and Y')`	⑤	
`plt.show()`	⑥	科目ＸとＹの散布図

　Python ではグラフ作成用のライブラリ **Matplotlib** が準備されている。ライブラリとはモジュールの集まりであり，モジュールとは，関数定義，クラス定義，それらの初期化のためのコードなどからなるプログラム群である。Matplotlib で定義されている matplotlib.pylab というモジュールを読み込み，plt という名前で参照すると，そのモジュール内で定義されている関数（たとえば scatter）などを plt. 関数名（plt.scatter( )）の形で呼び出し使用することができる。①～⑥の文の意味は次のとおりである。

①の文の import と as は予約語である。matplotlib.pylab を読み込み，それを plt として参照する。

②の２文は入力した科目Ｘ，Ｙの点数からなるリストをそれぞれ x，y と定義している。

③ plt の関数 scatter を用いてリスト x と y の組をプロットする。

④横軸に科目名「X」，縦軸の「Y」を記入する。

⑤グラフのタイトル「Relation between X and Y」を挿入する。

⑥作成したグラフを表示する。

　科目ＸとＹの散布図からＸとＹの間には直線的関係があることが推定される。前章で確認しているように２変数の組の直線的関係は，回帰直線 $y=a+bx$ で表現できる。回帰係数 b，切片 a の推定値 $\hat{a}$, $\hat{b}$ は次の式によりデータから求めることができる。

$$\hat{a} = \bar{y} - \hat{b}\bar{x}$$

$$\hat{b} = \frac{\sum_{i=1}^{n}(x_i - \bar{x})(y_i - \bar{y})}{\sum_{i=1}^{n}(x_i - \bar{x})^2}$$

ここで，

$$\bar{x} = \frac{1}{n}\sum_{i=1}^{n}x_i , \quad \bar{y} = \frac{1}{n}\sum_{i=1}^{n}y_i$$

である。

この関係を用いて科目 X と Y の成績の関係を表す回帰直線 $y=a+bx$ の推定値 $\hat{a}, \hat{b}$ を求める。
表 3.4.12 は回帰直線の推定値を求めそのグラフを作成するプログラムである。

表 3.4.12　回帰直線の推定値 $\hat{a}, \hat{b}$ を求め，データと回帰直線を表示するプログラム

回帰直線を推定し表示するプログラム	No.	回帰直線を推定し表示するプログラム（続き）	No.
``import matplotlib.pylab as plt

x = [98, 75, 62, 83, 76, 85, 92, 81, 67, 73]
y = [45, 77, 91, 72, 80, 68, 53, 77, 90, 80]
x1 = []
y1 = []
n = 10

#x の平均
sum = 0
for i in range(n):
    sum += x[i]
mean_x = sum / n

#y の平均
sum = 0
for i in range(n):
    sum += y[i]
mean_y = sum / n

#x の偏差の 2 乗和
sum = 0
for i in range(n):
    sum += (x[i] - mean_x) ** 2
s_x2 = sum
``` | ① | ```#x, y の偏差の積和
sum_xy = 0
for i in range(n):
 sum_xy += (x[i] - mean_x) *(y[i] -mean_y)

# 回帰係数と切片
b = sum_xy / s_x2
a = mean_y - b * mean_x

# x が 60, 65, …, 100 のときの回帰直線の値
for i in range(n-1):
    x1.append(60 + i * 5)
    y1.append(a + b * x1[i])

# データと回帰直線のプロット
plt.scatter(x, y)
plt.plot(x1, y1)
plt.xlabel('X')
plt.ylabel('Y')
plt.title('Relation betweem X and Y')
plt.show()
``` | ②

③ |

①の文は推定された回帰直線を図示するためのデータを入れる空のリストを作成している。

②の 2 文は for 文により，空のリスト x1 に 60, 65, …, 100 のデータを付け加え，加えるたびに
　加えた値に対する回帰直線の値をリスト y1 に加えている。

③は x1 と y1 の値の組で示される直線を引いている。

　図 3.4.1 は表 3.4.12 のプログラムの出力である。

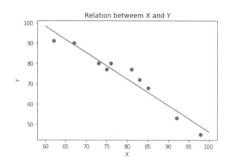

図3.4.1　科目ＸとＹの成績の散布図と回帰直線

【演習問題 4.8】(1) 〜 (3) の演習を行いなさい。

(1) 表3.4.11 のプログラムを入力して実行し，出力を確認しなさい。

(2) 表3.4.12 のプログラムを入力して実行し，出力を確認しなさい。

(3) 表3.4.12 のプログラムを，平均，偏差の2乗和，積和，回帰係数と切片，推定値を求める各関数を定義して呼び出すプログラムに変更しなさい。また，実行して出力を確認しなさい。

4.7　Python とデータ分析

　プログラミングという作業は，コンピュータに仕事をさせることが目的なので，高水準のプログラミング言語を使用しても，多かれ少なかれコンピュータのハードウェアの制約を受ける。しかし，Python は，わかりやすく書きやすいプログラミング言語であり，コンピュータ内でデータの表現，コンピュータの構成や動作のしくみ，その誤差を始めとする限界についてほとんど意識せずにプログラムを作成できる。このことは，Python の利点であると同時に欠点でもある。コンピュータの動作の仕組みや限界などコンピュータのハードウェアの特徴を理解しながら学習を進めることが望まれる。

　4.1 節から 4.6 節では，基本統計量を定義から計算するプログラムを作成したが，Python にはよく使われる統計量を計算する標準ライブラリ statistics が準備されている。このライブラリに含まれる関数 mean，variance，median を使用すると，表3.4.13 のプログラムで，平均，分散，中央値がそれぞれ計算できる。このように，Python では良く使用される数値を簡単に求める関数がすでに提供されている。したがってひとたび定義から値を求めるプログラムの方法が理解できれば，次からはこれらの関数を使用すればよい。ただし，たとえば関数 variance は分散と不偏分散のどちらを求める関数かは名前からではわからない。したがって使用に先立って確認する必要がある。実際に表3.4.13 のプログラムを実行し，分散か不偏分散かを確認してみよう。

表 3.4.13　標準ライブラリ statistics を用いた平均，分散，中央値の計算

statistics を使用した平均，分散，中央値の計算
| ```
from statistics import mean, variance, median
x = [98, 75, 62, 83, 76, 85, 92, 81, 67, 73]


print('mean: ', mean(x))
print('variance: ', variance(x))
print('median: ', median(x))
``` |

　さらに，Python には標準ライブラリの他にも豊富なモジュールから成るライブラリ（図 3.4.2）があり，科学技術計算，データ解析，人工知能など幅広い分野で使用されている。各分野の専門家が，複雑な計算を行う類似したプログラムを頻繁に書かなければならない場合，それらがモジュールとして提供されていれば，それらを使用することにより効率の良いプログラミングができる。このように Python は利便性の高い言語で，2019 年の IEEE では現在最もよく使用されている言語として評価されている。このような Python の特徴を踏まえて Python の学習をさらに進めよう。

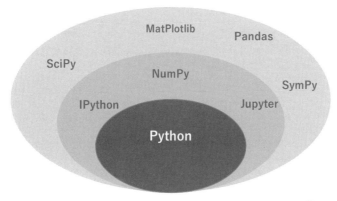

図 3.4.2　データ分析で使用する Python のライブラリ[2]

・**Numpy**：数値計算を効率的に行うための拡張モジュールから成るライブラリ
・**IPython**：Python を対話的に実行するためのシェル（OS のユーザーインターフェイスを提供するソフトウェア）
・**Jupyter**：IPython をベースとした Python の強力なインターラクティブな環境を提供するソフトウェアツールから成るライブラリ
・**SciPy**：Python の科学技術計算用のソフトウェアから成るライブラリ

---

2)　出典：中山他，2019 より作成
```

・**MatPlotlib**：Python（NumPy）のグラフ描画モジュールから成るライブラリ

・**Pandas**：Python でデータ解析を支援する機能を提供するモジュールから成るライブラリ

・**SymPy**：Python で記号計算を行うためのモジュールから成るライブラリ

章末問題

1. 3つの整数をキーボードから読み込んでa, b, cとし, 最大値を表示するプログラム
   を作成しなさい。またプログラムを実行して答が正しいことを確認しなさい。

2. 次は, それぞれ単純挿入法 (straight insertion), 単純選択法 (straight selection) と呼ば
   れているソートのアルゴリズムである。データの添え字に注意してプログラムを作成
   しなさい。
   データは4.3節のデータを使用してもよい。

[アルゴリズム]　単純挿入法

入力：データ数 n, 並べかえたいデータ x_i $(i = 1, \cdots, n)$.

出力：並べかえたデータ x_i $(i = 1, \cdots, n)$.

方法：Step1　データ x_i $(i = 0, 1, \cdots, n)$, データ数 n の入力.

　　　　Step2　i を2から n まで繰り返す.

　　　　　Step3　a に x_i を代入, x_0 に a を代入, j に i-1 を代入する.

　　　　　Step4　$a < x_j$ であるあいだ, Step5 と Step6 を繰り返す.

　　　　　　Step5　x_{j+1} に x_j を代入する.

　　　　　　Step6　j に j-1 を代入する.

　　　　　Step7　x_{j+1} に a を代入する.

　　　　Step8　x_i $(i = 1, 2, \cdots, n)$ を出力する.

　　　　Step9　end.

[アルゴリズム]　単純選択法

入力：データ数 n, 並べかえたいデータ x_i $(i = 0, \cdots, n$-$1)$.

出力：並べかえたデータ x_i $(i = 0, \cdots, n$-$1)$.

方法：Step1　データ x_i $(i = 0, \cdots, n$-$1)$, データ数 n の入力.

　　　　Step2　i を0から n-2 まで繰り返す.

　　　　　Step3　k に i を代入, a に x_i を代入する.

　　　　　Step4　j を i+1 から n まで Step5 を繰り返す.

　　　　　　Step5　もし $x_j < a$ ならば, k に j を代入し, a に x_j を代入する.

　　　　　Step6　x_k に x_i を代入, x_i に a を代入する.

　　　　Step7　x_i $(i = 0, 1, \cdots, n$-$1)$ を出力する.

　　　　Step8　end.

---

3. 2 変数 x_i と y_i $(i = 1, 2, \cdots, n)$ の相関係数は次式で与えられる。4.6 節のデータを用いて科目 X と Y の相関係数を求めるプログラムを書きなさい。

$$r = \frac{\sum\limits_{i=1}^{n}(x_i - \bar{x})(y_i - \bar{y})}{\sqrt{\sum\limits_{i=1}^{n}(x_i - \bar{x})^2}\ \sqrt{\sum\limits_{i=1}^{n}(y_i - \bar{y})^2}}$$

ただし，

$$\bar{x} = \frac{1}{n}\sum_{i=1}^{n} x_i,\quad \bar{y} = \frac{1}{n}\sum_{i=1}^{n} y_i$$

である。

【参考文献】

Bill Lubanovic 著，斎藤康毅監訳，長尾高弘訳『入門 Python3』オライリー・ジャパン，オーム社，2016

五十嵐善英・舩田眞里子『離散数学入門』牧野書店，2017

池内孝啓・片柳薫子・岩尾エマはるか・@driller『Python ユーザのための Jupyter［実践］入門』技術評論社，2019

中山浩太郎監修，松尾豊協力，塚本邦尊・山田典一・大澤文隆『東京大学のデータサイエンティスト育成講座』マイナビ出版，2019

Wes MaKinneyr 著，瀬戸山雅人・小林儀匡・滝口開資訳『Python によるデータ分析入門』オライリー・ジャパン，オーム社，2017

第5章 Pythonによる重回帰分析の実装

前章では単回帰分析を学んだ。回帰分析は説明変数が1個の場合を単回帰分析，2個以上の場合を重回帰分析（multiple regression analysis）と呼ぶ。本章では，説明変数が2個の例題を用いて，Python による重回帰分析の回帰直線推定部分の実装を行う。ただし，実装には行列の演算が含まれるが，行列の演算はアルゴリズムとして説明する。

5.1 重回帰分析

重回帰分析は，p 個の説明変数 x_i の線形和と誤差 ε との和で目的変数 y を (3.5.1) 式のようなモデル式で表し，式中の定数項 β_0，係数 β_i をデータを用いて，残差平方和（誤差の2乗の総和）を最小とするような値として推定する。

$$y = \beta_0 + \beta_1 x_1 + \beta_2 x_2 + \cdots + \beta_p x_p + \varepsilon \qquad \cdots (3.5.1)$$

i 番目の説明変数 x_j を x_{ij} と表すと，モデル式 (3.5.1) は，次の (3.5.2) 式で表される。

$$y = \beta X + \varepsilon \qquad \cdots (3.5.2)$$

ここで，

$$y = \begin{pmatrix} y_1 \\ y_2 \\ \vdots \\ y_n \end{pmatrix}, \quad X = \begin{pmatrix} 1 & x_{11} - \overline{x_1} & x_{12} - \overline{x_2} & \cdots & x_{1p} - \overline{x_p} \\ 1 & x_{21} - \overline{x_1} & x_{22} - \overline{x_2} & \cdots & x_{2p} - \overline{x_p} \\ \vdots & \vdots & \vdots & \vdots & \vdots \\ 1 & x_{n1} - \overline{x_1} & x_{n2} - \overline{x_2} & \cdots & x_{np} - \overline{x_p} \end{pmatrix}, \quad \varepsilon = \begin{pmatrix} \varepsilon_1 \\ \varepsilon_2 \\ \vdots \\ \varepsilon_n \end{pmatrix}$$

$$\beta = \begin{pmatrix} \alpha_0 \\ \beta_1 \\ \beta_2 \\ \vdots \\ \beta_p \end{pmatrix}, \quad \alpha_0 = \beta_0 + \beta_1 \overline{x_1} + \beta_2 \overline{x_2} + \cdots + \beta_p \overline{x_p}$$

である。このとき，残差平方和 S_e は β_i の推定値を $\hat{\beta}_i$ で表すと (3.5.3) 式で与えられる。

$$\begin{aligned} S_e &= \left(y - X\hat{\beta}\right)^t \left(y - X\hat{\beta}\right) \\ &= y^t y - 2\hat{\beta}^t X^t y + \hat{\beta}^t X^t X \hat{\beta} \end{aligned} \qquad \cdots (3.5.3)$$

ここで X^t は X の転置行列（transpose），$\hat{\beta}$ は β の推定値である。この残差平方和 S_e を最小とする $\hat{\beta}$ を求めるために S_e を $\hat{\beta}$ で偏微分して 0 とおく。すると (3.5.4) 式が得られる。

$$\frac{\partial S_e}{\partial \hat{\beta}} = -2X^t y + 2X^t X \hat{\beta} = 0 \qquad \cdots \quad (3.5.4)$$

この式を変形すると，次式が得られ，

$$X^t X \hat{\beta} = X^t y$$

この式を $\hat{\beta}$ について解くと (3.5.5) 式が得られる。

$$\hat{\beta} = (X^t X)^{-1} X^t y \qquad \cdots \quad (3.5.5)$$

ここで，$(X^t X)^{-1}$ は $X^t X$ の逆行列である。

5.2 行列の積，転置，逆行列

数値や記号を (3.5.6) のように縦横に並べたものを**行列** (matrix) と呼ぶ。

$$A = \begin{pmatrix} a_{11} & a_{12} & \cdots & a_{1n} \\ a_{21} & a_{22} & \cdots & a_{2n} \\ \vdots & \vdots & \ddots & \vdots \\ a_{m1} & a_{m1} & \cdots & a_{mn} \end{pmatrix} \qquad \cdots \quad (3.5.6)$$

各 a_{ij} を行列 A の ij-成分 (component) と呼び，a_{ij} の横の並びを行 (row)，縦の並びを列 (column) と呼ぶ。各成分 a_{ij} の1番目の添え字 (index) i は行の番号，第2番目の添え字 j は列の番号を表す。

行列 A，B が次のような行列のとき，それぞれ $m \times n$，$n \times s$ 行列と呼ぶ。

$$A = \begin{pmatrix} a_{11} & a_{12} & \cdots & a_{1n} \\ a_{21} & a_{22} & \cdots & a_{2n} \\ \vdots & \vdots & \ddots & \vdots \\ a_{m1} & a_{m1} & \cdots & a_{mn} \end{pmatrix}, \qquad B = \begin{pmatrix} b_{11} & b_{12} & \cdots & b_{1s} \\ b_{21} & b_{22} & \cdots & b_{2s} \\ b_{31} & b_{32} & \cdots & b_{3s} \\ \vdots & \vdots & \vdots & \vdots \\ b_{n1} & b_{n2} & \cdots & b_{ns} \end{pmatrix}$$

この行列 A，B に対して積 AB の ik-成分は次のように定義され，$m \times s$ 行列となる。

$$\sum_{j=1}^{n} a_{ij} b_{jk} = a_{i1} b_{1k} + a_{i2} b_{2k} + \cdots + a_{in} b_{nk} \qquad \cdots \quad (3.5.7)$$

この定義から，AB の各成分を求めるには n 回の掛け算と $(n-1)$ 回の加算を行う。AB は $m \times s$ 行列なので，全成分を求めるにはこの操作をそれぞれ $m \times s$ 回反復する。また行列 A，B の積は，A の列の数と B の行の数が一致するときのみ定義される。

行列 A が次のような $m \times n$ 行列とする。

$$A = \begin{pmatrix} a_{11} & a_{12} & a_{13} & \cdots & a_{1n} \\ a_{21} & a_{22} & a_{23} & \cdots & a_{2n} \\ \vdots & \vdots & \vdots & \ddots & \vdots \\ a_{m1} & a_{m2} & a_{m3} & \cdots & a_{mn} \end{pmatrix}$$

このとき A の転置行列 A^t は次のように定義される。

$$A^t = \begin{pmatrix} a_{11} & a_{21} & \cdots & a_{m1} \\ a_{12} & a_{22} & \cdots & a_{m2} \\ a_{13} & a_{23} & \cdots & a_{m3} \\ \vdots & \vdots & \ddots & \vdots \\ a_{1n} & a_{2n} & \cdots & a_{mn} \end{pmatrix}$$

行列 A の転置行列 A^t の ij-成分を a^t_{ij} と表すと，

$$a^t_{ij} = a_{ji} \qquad \cdots (3.5.8)$$

である。

行と列の数が等しい行列は**正方行列**（square matrix）と呼ばれる。A を $n \times n$ 行列とする。行列 A に対して $AB = BA = I$ となる $n \times n$ 行列 B が存在するとき，行列 B を A の逆行列（inverse matrix）と呼び A^{-1} で表す。ここで I は**単位行列**（unit matrix）である。単位行列とは ii-成分のみが 1 で，それ以外の成分は 0 である正方行列でる。

$$I = \begin{pmatrix} 1 & 0 & \cdots & 0 \\ 0 & 1 & \ddots & \vdots \\ \vdots & \ddots & \ddots & 0 \\ 0 & \cdots & 0 & 1 \end{pmatrix}$$

逆行列は全ての正方行列に対して存在するわけではない。逆行列を持つ行列を**正則行列**（regular matrix）と呼ぶ。

5.3　Gauss の消去法による逆行列の計算

この節では $n \times n$ の行列 A の逆行列 A^{-1} を求める **Gauss の消去法**（Gaussian elimination）について記述する。ただし，簡単化のために，行列 A は正則行列であることを前提とする。

行列に対する次のような変形を**行基本変形**（elementary row operations）と呼ぶ。

i)　ある行を定数倍する。

ii)　ある行と別の行を入れ替える。

iii)　ある行の定数倍を他の行に加える。

Gauss の消去法は，行基本変形を用いて行列の逆行列を求める方法である。例を用いて逆行列の求め方を説明する。行列 A を次のような行列であるとする。

$$A = \begin{pmatrix} 2 & 4 & -2 \\ 3 & 8 & -7 \\ 2 & 3 & -3 \end{pmatrix}$$

このとき A の右に 3×3 の正方行列を加えた行列 B を作成する。

$$B = \begin{pmatrix} 2 & 4 & -2 & 1 & 0 & 0 \\ 3 & 8 & -7 & 0 & 1 & 0 \\ 2 & 3 & -3 & 0 & 0 & 1 \end{pmatrix}$$

行列 B の左半分の行列 A の部分が単位行列となるように行基本変形のみを用いて行列 B を変形する。このとき，対角成分を 1 にしながら，その下の行の成分を 0 とし，左下の三角行列

の部分を0とする。この処理を前進消去と呼ぶ。行列 B について前進消去を行うと，たとえば以下のようになる。

$$
\begin{pmatrix} 2 & 4 & -2 & 1 & 0 & 0 \\ 3 & 8 & -7 & 0 & 1 & 0 \\ 2 & 3 & -3 & 0 & 0 & 1 \end{pmatrix}
\xrightarrow[\text{行基本変形 \quad i)}]{\boxed{1\,\text{行を}1/2\,\text{倍する}}}
\begin{pmatrix} 1 & 2 & -1 & 1/2 & 0 & 0 \\ 3 & 8 & -7 & 0 & 1 & 0 \\ 2 & 3 & -3 & 0 & 0 & 1 \end{pmatrix}
\xrightarrow[\text{行基本変形 \quad iii)}]{\boxed{1\,\text{行の}-3\,\text{倍を}2\,\text{行に加え}}}
$$

$$
\begin{pmatrix} 1 & 2 & -1 & 1/2 & 0 & 0 \\ 0 & 2 & -4 & -3/2 & 1 & 0 \\ 2 & 3 & -3 & 0 & 0 & 1 \end{pmatrix}
\xrightarrow[\text{行基本変形 \quad iii)}]{\boxed{1\,\text{行の}-2\,\text{倍を}3\,\text{行に加え}}}
\begin{pmatrix} 1 & 2 & -1 & 1/2 & 0 & 0 \\ 0 & 2 & -4 & -3/2 & 1 & 0 \\ 0 & -1 & -1 & -1 & 0 & 1 \end{pmatrix}
\xrightarrow[\text{行基本変形 \quad i)}]{\boxed{2\,\text{行を}1/2\,\text{倍する}}}
$$

$$
\begin{pmatrix} 1 & 2 & -1 & 1/2 & 0 & 0 \\ 0 & 1 & -2 & -3/4 & 1/2 & 0 \\ 0 & -1 & -1 & -1 & 0 & 1 \end{pmatrix}
\xrightarrow[\text{行基本変形 \quad iii)}]{\boxed{2\,\text{行の}1\,\text{倍を}3\,\text{行に加える}}}
\begin{pmatrix} 1 & 2 & -1 & 1/2 & 0 & 0 \\ 0 & 1 & -2 & -3/4 & 1/2 & 0 \\ 0 & 0 & -3 & -7/4 & 1/2 & 1 \end{pmatrix}
$$

$$
\xrightarrow[\text{行基本変形 \quad i)}]{\boxed{3\,\text{行を}-1/3\,\text{倍す}}}
\begin{pmatrix} 1 & 2 & -1 & 1/2 & 0 & 0 \\ 0 & 1 & -2 & -3/4 & 1/2 & 0 \\ 0 & 0 & 1 & 7/12 & -1/6 & -1/3 \end{pmatrix}
\qquad \cdots (3.5.9)
$$

次に上三角の成分を0にする操作を行う。これを後退代入という。(3.5.9) の行列から始める。

$$
\begin{pmatrix} 1 & 2 & -1 & 1/2 & 0 & 0 \\ 0 & 1 & -2 & -3/4 & 1/2 & 0 \\ 0 & 0 & 1 & 7/12 & -1/6 & -1/3 \end{pmatrix}
\xrightarrow[\text{行基本変形 \quad iii)}]{\boxed{3\,\text{行の}2\,\text{倍を}2\,\text{行に加える}}}
\begin{pmatrix} 1 & 2 & -1 & 1/2 & 0 & 0 \\ 0 & 1 & 0 & 5/12 & 1/6 & -2/3 \\ 0 & 0 & 1 & 7/12 & -1/6 & -1/3 \end{pmatrix}
$$

$$
\xrightarrow[\text{行基本変形 \quad iii)}]{\boxed{3\,\text{行の}1\,\text{倍を}1\,\text{行に加える}}}
\begin{pmatrix} 1 & 2 & 0 & 13/12 & -1/6 & -1/3 \\ 0 & 1 & 0 & 5/12 & 1/6 & -2/3 \\ 0 & 0 & 1 & 7/12 & -1/6 & -1/3 \end{pmatrix}
\xrightarrow[\text{行基本変形 \quad iii)}]{\boxed{2\,\text{行の}-2\,\text{倍を}1\,\text{行に加え}}}
$$

$$
\begin{pmatrix} 1 & 0 & 0 & 3/12 & -3/6 & 3/3 \\ 0 & 1 & 0 & 5/12 & 1/6 & -2/3 \\ 0 & 0 & 1 & 7/12 & -1/6 & -1/3 \end{pmatrix}
$$

ここで左半分の正方行列が単位行列となったので，右半分の行列が行列 A の逆行列 A^{-1} となる。1/12 をくくりだすと逆行列は次のように求まる。

$$
A^{-1} = \frac{1}{12}\begin{pmatrix} 3 & -6 & 12 \\ 5 & 2 & -8 \\ 7 & -2 & -4 \end{pmatrix}
\qquad \cdots (3.5.10)
$$

行基本変形を用いて前進消去と後退代入を行い，逆行列を求めるアルゴリズムが Gauss の消去法である。

問 1 AA^{-1}, $A^{-1}A$ を計算し，(3.5.10) が行列 A の逆行列となっていることを確かめなさい。

問 2 行列 A が正則行列の場合，Gauss の消去法により A の逆行列が求められる根拠を示しなさい。

Gauss の消去法を $n \times n$ 行列に適用した場合のアルゴリズムは次のように記述できる。

［アルゴリズム］ Gauss の消去法による逆行列の計算

入力：正方行列 A の各成分，行と列の数 n

出力：行列 A の逆行列 A^{-1}

方法：

Step1：行列 A の行と列の数 n と，行列 A の入力．

Step2：行列 B（A の右側に $n \times n$ 単位行列を加えた行列）の作成．

Step3：（前進消去）$i = 1$ 行目から n 行目まで Step4 ～ Step8 の処理を行う．

    Step4：$tmp = b_{ii}$

    Step5：$b_{ij} = b_{ij}/tmp$ $j = i, i+1, \cdots, 2n$．

    Step6：i が n 未満の場合は Step7 ～ Step10 の処理を行う．

        Step7：$tmp = b_{ji}$

        Step8：$j = i+1$ から $j = n$ まで Step9 ～ Step10 の処理を行う．

           Step9：k を j から $2n$ まで以下の処理を行う．

              Step10：$b_{jk} = b_{jk} - b_{ji} \times tmp$

Step11：（後退代入）$i = n$ から 2 行目まで Step12 ～ Step15 の処理を行う．

    Step12：$j = i-1$ から $j = 1$ まで Step13 ～ Step15 の処理を行う．

        Step13：$tmp = b_{ji}$

        Step14：$k = i$ から $2n$ まで Step14 の処理を行う．

           Step15：$b_{jk} = b_{jk} - b_{ji} \times tmp$

Step16：A^{-1} に B の $n+1$ 列から $2n$ 列を A^{-1} の 1 列から順に代入する．

Step17：end.

5.4 Python によるプログラミング

本節では (3.5.5) 式を用いて回帰モデルの係数を求めるプログラムを Python を用いて作成する。このプログラムのアルゴリズムは，次のように記述できる。ただし，回帰分析を行う前に回帰モデルの使用が適切であるかは，散布図を書くなどして検証しておく必要がある。

［アルゴリズム］ 重回帰分析による回帰直線を求めるアルゴリズム

入力：データ数 n，目的変数の値 y_i, $i = 1, 2, \cdots, n$

説明変数の値 $data_{ij}$　$i = 1, 2, \cdots, n,\ j=1, 2, \cdots, p$

出力：推定された回帰直線の係数と定数項 $\hat{\beta}_i,\ i = 0, 1, \cdots, p$

方法：

Step1：データ数 n，変数の数 p の入力.

Step2：目的変数の値 y_i $(i = 1, 2, \cdots, n)$,

　　　　説明変数の値 $data_{ij}$ $(i = 1, 2, \cdots, n,\ j=1, 2, \cdots, p)$ の入力.

Step3：説明変数の平均 $mean\_x_i$，目的変数の平均 $mean\_y$ の計算.

Step4：説明変数から行列 X の作成.

Step5：行列 X の転置行列 X^t を求める.

Step6：行列の積 XX^t を求める.

Step7：行列の積 XX^t の逆行列 $(XX^t)^{-1}$ を求める.

Step8：逆行列 $(XX^t)^{-1}$ と X^t の積 $(XX^t)^{-1}X^t$ を求める.

Step9：行列 $(XX^t)^{-1}X^t$ との積 $(XX^t)^{-1}X^ty$ $(=B)$ を求める.

Step10：α_0 から $\hat{\beta}_0$ を求める.

Step11：$\hat{\beta}_i,\ i = 0, 1, \cdots, p,$　の出力.

Step12：end.

プログラムを作成するために，表3.5.1のデータを使用する。教科総合得点と社会的活動状況を説明変数とし，総合力を回帰直線により推定しようとするデータである。

表3.5.1　クラスHの教科総合点，社会活動と総合力との関係

サンプル No.	教科総合 (100 点満点)	社会的活動 (10 点満点)	総合力 (5 点満点)
1	68	8.5	4.6
2	83	8.0	4.3
3	53	8.8	4.5
4	65	8.2	4.4
5	75	8.2	4.5
6	91	7.1	3.7
7	77	8.2	4.3
8	85	7.3	3.8

ここでは Numpy という配列処理や数値計算を行うライブラリを使用して，2 通りの方法でプログラムを作成する。ひとつは Numpy の配列表現の機能のみ使用して，必要な計算を定義してプログラムを作成する方法で，他方は Numpy で定義されている関数を使用する方法である。前者で C や Java 等の静的型つき言語を使用した場合と同様にプログラムを書く方法を学び，後者で動的型つき言語である Python とライブラリ Numpy の特徴を理解する。

表3.5.2の左欄は，前者の方法により必要な関数を書いたプログラムであり，右欄は各関数等の説明である。ただし，行列の添え字は1から始まるが，Numpyの配列では添え字は0から始まる。アルゴリズムの添え字は行列の表現を用い，プログラムでは配列の添え字のルールに従っているので添え字が1ずつずれていることに注意を要する。

表3.5.2　静的言語と同様なPythonとNumpyの配列のみ使用した関数の定義と説明

Python　と　Numpyの配列のみ使用	説明
`import numpy as np`	numpyを呼び出し，短縮した別名npで使用する。

```python`def cal_mean_of_matrix(a, n, m):`
`    mean = np.array([0.0] * m)`
`    for j in range(m):`
`        sum = 0.0`
`        for i in range(n):`
`            sum = sum + a[i][j]`
`        mean[j] = sum/n`
`   return mean```
	n×mの行列aの列ごとの平均を計算する関数。
	配列の名前aは変数の定義に従えばどのように決めてもよい。

```python`def cal_mean_of_vector(a, n):`
`    sum = 0.0`
`    for i in range(n):`
`        sum = sum + a[i]`
`    mean = sum/n`
`   return mean```
	n個の要素を持つベクトルaの要素の平均を計算する関数

```python`def make_x(a, n, m, mean):`
`    for i in range(n):`
`        x[i][0] = 1.0`
`        for j in range(1, m):`
`            x[i][j] = a[i][j-1] - mean[j-1]`
`   return x```
	重回帰分析のモデル式(3.5.2)の行列Xを，n×m行列aと列の平均ベクトルmeanから作成する関数

```python`def transpose(a, n, m):`
`    t_a = np.array([[0.0]* n]* m)`
`    for i in range(n):`
`        for j in range(m):`
`            t_a[j][i] = a[i][j]`
`   return t_a```
	n×m行列aの転置行列t_aを求める関数

```python`def multiplication_of_matrices( a, b, m1, n, m2):`
`    c = np.array([[0.0] * m2] * m1)`
`    for i in range(m1):`
`        for j in range(m2):`
`            sum = 0.0`
`            for k in range(n):`
`                sum = sum + a[i][k] * b[k][j]`
`            c[i][j] = sum`
`   return c```
	m1×n行列aとn×m2行列bとの積abを計算する関数

| ```python
def multiplication_of_matrix_and_vector(a, b, m, n):
    c = np.array([0.0] * m)
    for i in range(m):
        sum = 0.0
        for j in range(n):
            sum =sum + a[i][j] * b[j]
        c[i] = sum

    return c
``` | m × n 行列 a と n 個要素を持つベクトルの積 ab を計算する関数 |
| ```python
def inverse(a, n):
    b = np.array([[0.0] * (2 * n)] * n)
    inv_a = np.array([[0.0] * n] * n)

    for i in range(n):
        for j in range(n):
            b[i][j] = a[i][j]
            if i == j:
                b[i][j + n] = 1.0

    for i in range(n):
        tmp = b[i][i]
        for j in  range(i, 2 * n):
            b[i][j] = b[i][j] / tmp

        if i < n-1 :
            for j in range(i + 1, n):
                tmp = b[j][i]
                for k in range(i, 2 * n):
                    b[j][k] = b[j][k] - b[i][k] * tmp

    for i in range(n-1, 0, -1):
        for j in range(i-1, -1, -1):
            tmp = b[j][i]
            for k in range(i, 2 * n):
                b[j][k] = b[j][k] - b[i][k] * tmp

    for i in range(n):
        for j in range(n):
            inv_a[i][j] = b[i][j + n]

    return  inv_a
``` | n × n 行列 a の逆行列を計算する関数（ただし，a が正則行列であることを前提としている） |

【演習問題 5.1】Jupyter Notebook を用いて表 3.5.2 左欄の一連の関数を入力しなさい。

表3.5.3　表3.5.2の関数を使用したプログラムと Numpy の機能を用いたプログラム

Numpy の配列表現のみ使用した Python プログラム	Numpy の機能を使用した Python プログラム

<pre>#Step1
n = 10
p = 2
 	
#Step2
data = np.array([
    [68, 8.5],
    [83, 8.0],
    [53, 8.8],
    [65, 8.2],
    [75, 8.2],
    [91, 7.1],
    [77, 8.2],
    [85, 7.3],
    [71, 7.9],
    [65, 8.2]
])
y = np.array([4.6, 4.3, 4.5, 4.4, 4.5, 3.7, 4.3, 3.8, 4.0, 4.4])
 	
x = np.array([[0.0] * 3] * 10)
t_x = np.array([[0.0] * 10] * 3)
t_xx = np.array([[0.0] * 3] * 3)
inv_t_xxt_x = np.array([[0.0] * 10] * 3)
B = np.array([0.0] * 3)
mean_x = np.array([0.0] * 2)
 	
#Step3
mean_x = cal_mean_of_matrix(data, n, p)
mean_y = cal_mean_of_vector(y, n)
 	
#Step4
x = make_x(data, n, p+1, mean_x)
 	
#Step5
t_x = transpose(x, n, p + 1)
 	
#Step6
t_xx = multiplication_of_matrices(t_x, x, p + 1, n, p + 1)
 	
#Step7
inv_t_xx = inverse(t_xx, p + 1)
 	
#Step8
inv_t_xxt_x = multiplication_of_matrices(inv_t_xx, t_x, p+1, p+1, n)
 	
#Step9
B = multiplication_of_matrix_and_vector(inv_t_xxt_x, y, p+1, n)
 	
#Step10
b0 = B[0] - (B[1] * mean_x[0] + B[2] * mean_x[1])
 	
#Step11
print('\ny =' ,b0,' +', B[1], ' * x1 +', B[2], ' * x2')</pre>
	<pre>import numpy as np
	#Step1
	n = 10
	
	#Step2
	data = np.array([
	    [68, 8.5],
	    [83, 8.0],
	    [53, 8.8],
	    [65, 8.2],
	    [75, 8.2],
	    [91, 7.1],
	    [77, 8.2],
	    [85, 7.3],
	    [71, 7.9],
	    [65, 8.2]
	])
	y = np.array([4.6, 4.3, 4.5, 4.4, 4.5, 3.7, 4.3, 3.8, 4.0, 4.4])
	
	x2 = np.array([[1.0] * 1]*10)
	
	#Step3
	mean_x = np.mean(data, axis=0)
	mean_y = np.mean(y)
	
	#Step4
	data = data - mean_x
	x = np.insert(x2, [1], data, axis=1)
	
	#Step5
	t_x = np.transpose(x)
	
	#Step6
	t_xx = np.dot(t_x, x)
	
	#Step7
	inv_t_xx = np.linalg.inv(t_xx)
	
	#Step8
	inv_t_xxt_x = np.dot(inv_t_xx, t_x)
	
	#Step9
	B = np.dot(inv_t_xxt_x, y)
	
	#Step10
	b0 = B[0] - (B[1] * mean_x[0] + B[2] * mean_x[1])
	
	#Step11
	print('\ny = ',b0,' +', B[1],'* x1 +', B[2],' * x2')</pre>

表3.5.3の左欄は表3.5.2のプログラムの定義を行った後で，入力して実行するプログラムである。表3.5.3の右欄は，関数の定義を自分で行うことなしにNumpyの機能を使用して作成したプログラムである。両方とも同じ出力を得る。次式は各定数について小数第4位を四捨五入して第3位まで表示した回帰式である。

$$y = -2.589 + 0.010\, x_1 + 0.759\, x_2 \qquad \cdots (3.5.11)$$

【演習問題 5.2】 次の (1)，(2) の演習を行いなさい。

(1) 演習問題5.1の関数の後に表3.5.3左側のプログラムを入力して実行し，出力を確認しなさい。

(2) 表3.5.3右側のプログラムを入力して実行し，出力を確認しなさい。

　表3.5.3の左右を比較すると，Numpyが重回帰分析に必要とされる行列の積，転置，逆行列の計算などの関数を定義し，Numpyをインポートするだけで使用可能となることがわかる。前章でPythonのさまざまなライブラリに関して既述した (図3.4.2)。この豊富なライブラリの存在が，Pythonが広く使用されている理由のひとつである。

　本章では，重回帰分析の回帰直線の推定を例としてPythonのプログラムとNumpyについて記述した。Pythonがプログラム開発の効率を改善する言語である一面が理解できたと思う。現在多くの人によって使用されていること，また入門者にとっても理解しやすいことも実感できたことだろう。ただし，処理スピードの面ではコンパイラ型のC言語の方が優れている場合も多く，標準PythonインタープリタもC言語で書かれている。万能なプログラミング言語はないので，目的に応じたプログラミング言語を選択することが重要である。

章末問題

1. 説明変数が2個以上の回帰分析が可能であると考えられるデータを探し，表3.5.2，表3.5.3の2種類のプログラムを用いて，回帰直線を推定しなさい。

2. 回帰分析では，回帰直線の推定後，決定係数，自由度調整済み決定係数を求めて，目的変数のばらつきを説明変数がどの程度説明できるかを評価する。次の設問に答えなさい。

   (1) 重回帰分析における決定係数，自由度調整済み決定係数の定義を調べなさい。

   (2) 決定係数，自由度調整済み決定係数を求めるPythonプログラムを書きなさい。

   (3) 表3.5.1のデータを用いて求めた回帰直線 (3.5.11) の決定係数及び自由度調整済み決定係数を求めなさい。

【参考文献】

Bill Lubanovic 著，斎藤康毅監訳，長尾高弘訳『入門 Python3』オライリー・ジャパン，オーム社，2016

永田靖・棟近雅彦『多変量解析法入門』サイエンス社，2003

中山浩太郎監修，松尾豊協力，塚本邦尊・山田典一・大澤文隆『東京大学のデータサイエンティスト育成講座』マイナビ出版，2009

Wes McKinney 著，瀬戸山雅人・小林儀匡・滝口開資訳『Python によるデータ分析入門』オライリー・ジャパン，オーム社，2017

和文索引

欧文索引

教育情報科学──ICT・データ分析・プログラミング

2020年4月26日　第1版第1刷発行
2022年1月30日　第1版第2刷発行

著者　黒澤和人
　　　舩田眞里子
　　　渋川美紀
　　　樋口和彦

発行者　田中千津子

発行所　株式会社　学文社

郵便番号 153-0064　東京都目黒区下目黒 3-6-1
電話 (03)3715-1501（代表）　振替 00130-9-98842
https://www.gakubunsha.com

ISBN 978-4-7620-3002-4